KB059867

퍼셉션 마케팅

아는 것을 팔리는 것으로 바꾸는 기술

PERCEPTION

퍼셉션 마케팅

MARKETING

혼다 데쓰야 지음

이은혜 옮김

세종

일러두기

- 이 책은 국립국어원의 표준어 규정 및 외래어 표기법을 따르되 일부 기업, 인명은 널리 알려진 표기를 따랐습니다.
- 단행본은 《 》로 드라마, 영화 등은 〈 〉로 표시했습니다.
- 본문에 수록한 QR코드는 한국어판 편집과정에서 추가 수록하였습니다.

한국의 독자들에게

《퍼셉션 마케팅 : 아는 것을 팔리는 것으로 바꾸는 기술》의 번역서 출간 소식을 접하고 저자로서 기쁜 마음을 감출 수 없었습니다.

이 책은 한국에 소개되는 저의 네 번째 저서입니다. 첫 번째 데뷔작인《세상을 움직이는 파워마케팅》, 두 번째《인플루언서 마케팅》, 세 번째《전략 PR: 핵심은 분위기다》에 이어 이 책이 벌써 네 번째가 되었습니다.

저는 한국을 매우 좋아합니다. 일로도, 개인적으로도 몇 번이나 한국을 방문한 적이 있습니다. 지금도 2011년 6월에 서울 연세대학교에서 강연했던 일이 생생하게 기억납니다. '기업경영인의 SNS 활용'을 주제로 한 강연이었는데 영어와 한국어, 일본어가 뒤섞인 강연장의 열기가 대단했습니다. 그 뒤로 12년이 지나 이제 SNS는 우리 생활의 일부로 자리 잡았고, 세상은 SNS 시대를 지나 생성형 인공지능 시대로 접어들고 있습니다.

이 책의 주제는 '퍼셉션(인식)'입니다. 그리고 한국의 상품과 서비스, 콘텐츠에도 세상에 존재하는 다양한 퍼셉션을 바꾼 것이 있습니다.

예를 들면 최근 일본 젊은이들 사이에서 선풍적인 인기를 끌었던 '아리랑 핫도그'를 꼽을 수 있습니다. 꼬치에 모차렐라 치즈를 끼우고 깍둑썰기한 감자 옷을 입혀 튀겨낸 것으로 빵에 소시지를 끼워 먹던 기존 핫도그와는 다른 한국의 맛을 알려주었습니다. 2017년에 처음으로 도쿄 신오쿠보에 있는 가게에서 판매해 열풍이 불기 시작했고, 치즈를 주-욱 늘려가며 먹는 모습이 사람들의 눈길을 사로잡아 사진과 동영상이 SNS를 뜨겁게 달구었습니다. 신오쿠보의 스마일 카페라는 곳에서 파는 한국식 꽈배기도 인기를 끌어 꽈배기 또한 매일 SNS를 장식했지요.

이 핫도그 열풍은 어떤 인식을 바꾸었을까요? 핫도그는 신오쿠보라는 '지역'의 퍼셉션을 바꾸었습니다. 신오쿠보역은 전 세계에서 이용자 수가 가장 많다는 야마노테선 신주쿠역의 다음 역입니다. 신오쿠보역 주변은 원래 한국 식료품점이나 한국 음식점이 밀집해 있는, 이른바 '아는 사람만 가는 곳'이라는 이미지가 강했습니다. 어느 정도 알려진 곳이기는 했지만, 일반적인 일본과는 다른 '이색적인 공간'으로 인식되었던 곳입니다. 하지만 아리랑 핫도그와 꽈배기가 유행하면서 젊은 여성들이 모여들었고, SNS에 그녀들의 셀카 사진이 업로드되기 시작하자 신오쿠보의 이미지는 젊은이들의 거리로, 하라주쿠처럼 변했습니다. 한국 음식의 유행이 신오쿠보라는 지역의 퍼셉션을 바꾼 것입니다.

또한 요즘 일본에서는 한국 화장품이 인기입니다. 그중에서도 'Cica(시카) 화장품'이 주목받고 있습니다. 시카는 미나리과 식물인 병풀에서 추출한 성분으로 한국에서는 원래 화상 치료에 쓰였다고 알고 있습니다. 이 시카 성분이 든 화장품이 한국을 좋아하는 팬들 사이에서 입소문을 타기 시작해 일반 여성들에게도 알려졌고, 코로나19로 마스크 생활을 하던 사람들이 피부 트러블 해소 아이템으로 주목하면서 인기가 높아졌습니다. 시카 화장품은 일본 여성들이 사용하던 기존 화장품에는 없던 '진정 효과'라는 새로운 퍼셉션을 형성해서 사람들의 마음을 사로잡은 것입니다.

빼놓을 수 없는 또 한 가지가 한국의 엔터테인먼트입니다. 대표적인 사례는 단연 'BTS'지요. 일본은 물론 전 세계적으로 인기를 얻은 BTS는 퍼셉션의 관점에서 보면 매우 흥미로운 사례입니다. 독자적인 아이돌 문화를 가진 일본인들은 BTS를 보면 '아이돌은 아이돌인데… 무언가 다르다'라는 느낌을 받습니다. BTS는 미국과 유럽에서 큰 인기를 누리고 있지만, 특히 미국에서는 기존의

'아시아 가수'에 대한 퍼셉션을 바꾸어놓았습니다. BTS가 성공할 수 있었던 이유는 전 세계에 존재하는 다양한 선입견(고정된 퍼셉션)을 깨트렸기 때문이 아닐까요?

BTS의 노래 〈IDOL〉에 이런 가사가 있습니다.

You can call me artist
You can call me idol
아님 어떤 다른 뭐라 해도
(…)
I love myself, I love my fans
I love my dance and my what
내 속 안엔 몇십, 몇백 명의 내가 있어
오늘 또 다른 날 맞이해
어차피 전부 다 나이기에
고민보다는 걍 달리네
(…)

'누가 뭐라고 부르든 상관없다. 전부 다 나이기 때문에'라는 내용에서 넘치는 자신감이 느껴집니다.

아시아 가수든, 아이돌이든, 아티스트든, 어떤 존재든 결국 사람들이 가진 각자의 인식에 지나지 않습니다. 이 노래의 가사에서는 틀에 얽매이지 않겠다는 강한 의지가 담겨 있습니다. 2018년 UN 연설에서 전 세계 젊은이들에게 전한 'Speak yourself(자기 자신에 대해 이야기하라)'라는 메시지에서도 BTS의 일관된 신념을 느낄 수 있었습니다.

사람은 같은 현상을 보아도 문화적 배경이나 소속된 집단에 따라 인식이 달라질 수밖에 없습니다. 그 인식의 차이가 때로는 차별과 분쟁을 만들기도 합니다.

지금까지 가지고 있던 퍼셉션(기존의 개념)을 바꿔야 합니다. 그것이 지금 이 시대를 살아가는 우리가 무엇보다 먼저 해야 할 일입니다. 저는 퍼셉션 체인지가 기업 활동뿐만 아니라 이 세상을 더 살기 좋게 만드는 일이라고 믿습니다. 이 책을 읽은 한국의 독자들이 새로운 발상을 떠올리기를 기대합니다.

2023년 5월

히로시마에서 휴가 중인

혼다 데쓰야

들어가며

요즘은 제품이나 서비스가 인지도가 높다고 해서 날개 돋친 듯이 팔리지는 않는다. 왜 그럴까?

이 책은 처음부터 끝까지 끊임없이 이 질문을 던지며 그 해답을 이 책의 제목이기도 한 '퍼셉션(객관적 인식) 마케팅'에서 찾아간다.

우선 앞의 질문을 조금 더 세분화해보자.

- 인지도는 100%에 가까운데 왜 매출이 오르지 않을까?
- 오래된 브랜드로 젊은 세대(Z세대)의 마음을 사로잡는 방법은 무엇일까?
- 브랜드의 사회적 존재 의의는 어떤 기준으로 정해야 할까?
- 스타트업은 일단 광고를 통해 인지도부터 높여야 하는 걸까?
- 새로운 시장은 어떻게 개척해야 할까?

비슷한 일로 고민해본 적이 있다면 이 책이 당신에게 도움이 될 것이다.

자세한 정의는 본문에서 다시 설명하겠지만, 흔히 '인식'이나 '지각'으로 번역되는 퍼셉션은 쉽게 말해 '사물이나 현상을 보는 관점과 그것을 받아들이는 방식'을 의미한다. 물리적 사물이나 현상의 실체는 보는 사람의 '관점'에 따라 다르게 해석된다. 사람마다 또 시대에 따라 관점과 이를 받아들이는 방식이 다르기 때문이다.

따라서 현대 마케팅에서는 퍼셉션을 제대로 이해하는 것이 무엇보다 중요하다. SNS의 대중화로 지금의 소비자에게는 기업 못지않은 힘이 있다. 이제 기업이나 브랜드가 일방적으로 제공하는 정보의 가치는 예전처럼 크지 않다. 고객 중심顧客起點 의식의 중요성이 높아지면서 기업이 '우리 회사는 고객들의 눈에 어떻게 보이는가'를 고민해야 하는 시대가 됐다. 앞으로는 기업도 시장과 자사의 상품, 브랜드를 '객관적으로 파악해야' 한다. 새로운 시장을 개척하고 싶다면 객관적인 관점에서 자사의 상품과 브랜드가 가진 '세상의 인식'부터 바꿔야 한다.

이 책은 온라인 경제지 〈닛케이 크로스 트렌드〉에 2019년에서 2021년에 걸쳐 연재했던 내용을 바탕으로 구성했다. 나는 PR Public Relation 전문가이며, 20년 가까이 글로벌 PR 기업에 몸담았다.

2006년에는 기업 내부에 전략 PR 전문회사를 세워 13년간 대표를 맡았고, 2009년에 출판한 《전략 PR: 핵심은 분위기다》가 감사하게도 베스트셀러에 올라 광고와 마케팅 분야 종사자들에게 PR의 가치를 재인식시키는 일에 작은 힘을 보탤 수 있었다.

그리고 2019년에 전략 수립 전문회사 혼다 사무소를 설립해 독립한 이후로 대기업부터 스타트업에 이르기까지 다양한 기업을 대상으로 소통 전략 수립과 컨설팅을 맡아왔다. 그런데 컨설팅 일을 하다 보니 마케팅이나 기업 혁신 분야에서 고객들이 고민하는 부분이 어떤 형태로든 '퍼셉션'과 연관이 있다는 사실을 자연스럽게 깨닫게 됐다. 내가 연재 기획의 주제를 퍼셉션으로 선택한 이유가 여기에 있다.

이 책은 다음과 같이 구성했다. **입문편 | 퍼셉션의 정체**에서는 퍼셉션의 정의와 퍼셉션을 형성하는 다섯 가지 요소, 퍼셉션이 중요해진 배경에 관해 설명한다. **안내편 | 퍼셉션의 활용**에서는 브랜드 관리와 같은 과거 모델과의 관계성을 바탕으로 퍼셉션을 마케팅에 활용하는 아이디어를 알아본다.

이어지는 내용은 이 책의 핵심으로, 퍼셉션을 활용하는 과정을 다섯 단계로 나누고 단계별로 다양한 사례를 들어 설명한다. **1단계 | 퍼셉션 만들기**에서는 새로 형성한 퍼셉션으로 시장 구축에 성공한 사례를, **2단계 | 퍼셉션 바꾸기**에서는 기존의 퍼셉션을 상

황에 맞춰 의도적으로 바꾸는 퍼셉션 체인지(인식 변화)에 관해 설명한다.

3단계 | 퍼셉션 지키기에서는 적대적인 상대와 시대 흐름 속에서 기업과 브랜드가 어떻게 바람직한 퍼셉션을 지킬 수 있는지 살펴보고, **4단계 | 퍼셉션 파악하기**에서는 눈에 보이지 않는 퍼셉션을 계측·분석해서 마케팅 활동에 활용할 수 있는 방법을 **5단계 | 퍼셉션 활용하기**에서는 마케팅 영역뿐만 아니라 기업의 사내 정책이나 혁신 분야에서도 활용할 수 있는 퍼셉션의 응용 범위에 관해 다루고 있다.

마지막 **응용편 | 퍼셉션의 영향력**에서는 퍼셉션이 기업 경영과 비즈니스에 미치는 영향을 네 가지 시점에서 생각해본다. 참고로 이 책에서 다룬 사례의 데이터와 취재 대상자의 직함은 연재 준비를 위해 취재할 당시 기준임을 밝혀둔다.

이제 이 책과 함께 퍼셉션의 세계에 빠져보자. 마케팅 업계에 몸담은 사람, 기업 경영이나 창업에 도전하는 사람이라면 반드시 이 책을 읽고 퍼셉션이 무엇인지 완벽하게 이해하기를 바란다. 이 책이 당신의 퍼셉션을 조금이라도 바꿀 수 있다면 필자로서 그보다 더 큰 감동은 없을 것이다.

2022년 10월

차례

입문편 퍼셉션의 정체
왜 퍼셉션에 주목해야 할까?

안내편 퍼셉션의 활용
5단계로 익히는 퍼셉션 활용법

PERCEPTION

MARKETING

3단계 퍼셉션 지키기
바람직한 인식을 유지·관리하라

4단계 퍼셉션 파악하기
기존의 인식을 측정하고 분석하라

PERCEPTION

5단계 퍼셉션 활용하기
사내 홍보와 상품 개발에도 사용할 수 있다

응용편 퍼셉션의 영향력
기업과 비즈니스에 미치는 영향

PERCEPTION

퍼셉션의 정체

왜 퍼셉션에 주목해야 할까?

MARKETING

요즘 마케팅 업계에서 자주 듣는 단어 중에 '퍼셉션(Perception, 인식)'이라는 말이 있다. 퍼셉션은 소비자가 상품이나 브랜드를 보고 떠올리는 생각을 말한다. 왜 지금 마케팅 업계는 퍼셉션에 주목할까? 그 이유는 마케팅 과제를 단번에 해결할 가능성이 퍼셉션 체인지 Perception Change에 숨어 있기 때문이다.

나는 2000년대 초반에 프록터 앤드 갬블 P&G의 세탁용 세제 '아리엘'의 홍보를 지원하면서 퍼셉션이 가진 가능성을 깨달았다.

당시 일본의 분말 세제 시장은 고농축화에 성공한 일본의 화학 업체 카오 KAO의 '어택'이 압도적 1위를 차지하고 있었다. 아리엘은 이미 시장에 '좋은 세제 = 적게 써도 때가 잘 빠지는 세제'라는 퍼셉션이 정착된 상황에서 '세균 제거'라는 새로운 부가가치를 내걸고 승부에 나섰다. 하지만 세균 제거의 필요성을 묻는 소비자 인터뷰 결과는 참담했다. 32명 중 31명이 '필요 없다'라고 응답한 것이다.

이쯤 되면 포기할 만도 했지만 여기서 물러나면 아리엘은 더는 설 곳이 없었다. 게다가 아무리 생각해도 세균이 득시글거리는 셔츠와 깨끗한 셔츠가 있다면 누구나 깨끗한 셔츠를 선택하지 않겠는가.

'빨래에 세균 제거 효과가 필요하지 않을 리가 없다. 이 세균 제거는 단순히 기능으로만 홍보해서는 안 되겠구나.' 나는 인터뷰 조사 결과를 긍정적으로 재해석했고, 포인트는 기능을 알리는 아이디어가 아니라 이 기능을 혜택Benefit으로 받아들이는 소비자의 의식 변화에 있다는 결론에 도달했다.

소비자들은 대부분 세탁 후에 옷을 햇볕에 바싹 말리면 세균이 죽는다고 생각했지만, 사실 자연 건조만으로는 세균이 죽지 않는다. 나는 가족을 위해서 세균 제거 효과를 원할 소비자의 잠재적 욕구Needs에 호소해보기로 했다. 이때 전략적 PR이 큰 역할을 담당한다. PR 전략의 목표는 아리엘이라는 상품의 기능을 알리는 것이 아니라 '일반적인 세탁 방법으로는 세균이 제거되지 않는다'라는 퍼셉션을 형성하는 것이었다.

아리엘은 '세탁물의 세균 제거에 관한 의식 개혁'을 목표로 세균 제거가 주는 혜택을 홍보하는 전략으로 방향을 틀었다. 그리고 '세탁한 옷에 세균이 남아 있다!'는 충격적인 내용을 TV와 신문을 통해 집중적으로 보도하기 시작했다. 당시는 SNS도 없었던 시절이었다.

당시 일본에서 최고의 영향력을 자랑하던 연예인 미노몬타가 TV 프로그램에서 시청자들을 향해 "어머님들 그거 아십니까?"라며 세균 제거의 필요성을 강조하자, 일본 주부들이 가지고 있던 퍼셉션이 단번에 뒤집혔다. '좋은 세제 = 세균을 제거하는 세제'라는 퍼셉션이 생겨난 것이다. 덕분에 아리엘은 할인 판매 같은 저가 전략을 쓰지 않고도 매출이 증가했고 시장 점유율도 크게 늘었다. 이는 퍼셉션을 바꿔서 새로운 시장을 구축한 대표적인 사례다.

인지도 중심 마케팅의 한계

지금까지는 마케팅이나 홍보를 할 때 소비자에게 알리는 '인지Awareness'를 가장 중요하게 생각했다. 물론 그렇다고 단순히 인지도 향상만을 추구하지는 않았다. 마케팅·홍보 담당자들은 인지도 향상과 함께 '어떻게 하면 소비자의 생각을 바꿀 수 있을까?', '어떻게 하면 브랜드와 상품에 매력적인 이미지를 부여할 수 있을까?'도 고민해왔다. 이것이 퍼셉션, 즉 소비자의 시점에서 상품이나 브랜드를 보고 떠올리는 생각을 바꾸는 일이다.

넘쳐나는 물자로 물건의 범용화Commoditization가 일어난 현대 사회에서 인지도 확보만으로 소비자의 마음을 움직이기는 쉽지 않다. 그래서 인지도를 높이는 활동 못지않게 상품과 브랜드를 향한 세상의 인식, '퍼셉션'을 적절하게 형성하는 기술이 중요하다. 퍼셉션의 중요성을 제대로 이해하면 마케팅 과제를 해결할 돌파구가 보일 것이다.

"인지도는 높은데 상품이 팔리지 않습니다." 이런 문제로 골머리를 썩는 기업이 많다. 상품이나 서비스의 품질도 좋고, 인지도가 높으니 광고나 프로모션이 부족한 것도 아니다. 특히 스테디셀러 브랜드에서 많이 나타나는 이런 문제의 근본적인 원인은 무엇일까? 사실 이런 경우를 자세히 들여다보면 십중팔구 퍼셉션에 문제가 있다.

퍼셉션은 무엇일까?

그렇다면 도대체 퍼셉션이란 무엇일까? 사전을 찾아보면 이렇게 적혀 있다.(옥스퍼드 영한사전을 기준으로 함-역자 주)

Perception: 지각, 통찰력, 인식

사전적 의미는 위와 같지만 조금 더 쉽게 설명하자면 사건이나 사물을 '어떤 식으로 보고, 어떤 식으로 받아들이는지'를 의미한다. 물리적인 사물이나 현상은 분명 그 자체로 실체가 있다. 하지만 보는 사람의 '관점'은 실체와는 또 다른 이야기다. 대상을 어떤 식으로 보고 받아들일지는 사람마다 다르고 시대에 따라서도 변한다.

트렌드의 발생과 변화, 그리고 쇠퇴에 이르는 과정 뒤에는 항상 퍼셉션의 변화가 숨어 있다. 다시 말해 퍼셉션을 잘 이용하면 트렌드를 만들어 낼 수도 있다. 요즘은 정보가 넘쳐나서 인터넷 검색도 하지 않는 소비자가 늘고 있다. 그들은 관심 없는 대상의 정보는 적극적으로 배제한다.

따라서 현대 사회의 정보 발신은 더 이상 인지도를 높이기 위한 수단이어서는 안 된다. 생각을 바꾸기 위한 수단이어야 한다. 세상을 움직이는 트렌드의 이면에서 소비자의 퍼셉션 변화가 일어나는 이유는 무엇일까? 기업은 그 이유와 함께 이 변화 속에서 어떻게 하면 상품과 브랜드의 바람직한 퍼셉션을 유지할 수 있을지 고민해야 한다.

그리고 또 한 가지, 퍼셉션은 경영부터 마케팅까지 폭넓고 다양한 분야에 관련되어 있다는 사실을 명심해야 한다. '신제품을 성공적으로 출시하고 싶다, 역사 깊은 브랜드를 부활시키고 싶다, 기업 홍보를 통해 사회에 새로운 이미지를 심어주고 싶다, 스타트업을 성공시키고 싶다' 이런 모든 바람이 퍼셉션과 관련이 있다. 왜일까? 세상에서 일어나는 모든 현상의 발단이 퍼셉션이기 때문이다.

메루카리는 오늘도 평화롭습니다   :

이제는 일본을 대표하는 중고 거래 플랫폼이자, 2019년에 축구팀 가시마 앤틀러스를 인수해 큰 화제를 모으기도 했던 벤처기업 메루카리Mercari*의 사례를 살펴보자. 예전부터 메루카리의 기업 홍보는 스타트업의 표본으로 불려왔지만, 그중에서도 가장 큰 업적을 꼽자면 메루카리라는 기업 브랜드의 퍼셉션 체인지에 성공한 일이다.

2017년 당시, 도쿄 증시 마더스 시장(벤처기업을 위한 주식 시장-역자 주)에 상장하기 전인 메루카리의 퍼셉션은 '이제 막 빛을 보

---

*   https://jp.mercari.com 한국의 중고나라나 당근마켓에 해당한다. - 편집자 주

기 시작한 열정 넘치는 벤처기업'이었다. 인지도가 90%에 달할 정도로 큰 주목도 받았다. 하지만 메루카리 플랫폼에서 불법적 거래가 이루어진다는 부정적 위험요인Negative Risk이 사실로 드러나면서 대중 사이에는 '메루카리는 법도 제대로 지키지 않고 이익만을 추구하는 기업'이라는 퍼셉션이 확산되기 시작했다.

이런 상황에서 과제는 퍼셉션을 'C2C(소비자 간 거래) 시장의 인프라로서 응원해야 할 테크놀로지 기업'으로 바꾸는 것이었다. 메루카리가 세운 홍보 전략의 목표는 무엇이었을까? 바로 메루카리에 대한 부정적인 여론을 뒤집는 것이었다. 메루카리는 대형 언론사와 주로 40~60대 남성인 오피니언 리더들에게 메루카리가 소비 행동 변화에 미친 영향을 조사한 데이터를 공개하고, 기자단의 현장 방문 투어를 기획해 미국에 보냈다. 마더스 시장 상장이 결정되었을 때는 '창업자의 편지'라는 이름으로 야마다 신타로山田進太朗 회장 겸 CEO의 메시지도 공개했다.

이러한 노력이 빛을 발해 언론의 분위기가 점차 긍정적으로 변해갔다. 2017년에는 '사기꾼들이 활개 치는 시장(〈슈칸신보〉)'이라는 평가가 지배적이었지만, 2018년에 들어서는 '세계로 뻗어나가는 스마트폰 속 거대 플리마켓(〈아사히신문〉)'이라는 논조의 기사가 늘어나기 시작했다. 메루카리는 목표했던 퍼셉션 형성에 멋지게 성공했다.

메루카리는 상장이 결정된 후에 '창업자의 편지'라는 이름으로 야마다 회장의 메시지를 자사 홈페이지에 공개했다.

> 여러분 안녕하십니까.
> 메루카리의 창업자 야마다 신타로입니다.
>
> (…) 메루카리도 '안심하고 안전하게 누구나 즐겁게 이용할 수 있는 좋은 서비스를 제공하겠다'라는 마음가짐으로 일본을 대표하는 기업이 되겠습니다. 앞으로도 기업의 사회적 책임을 다하며 중장기적 기업 가치 향상을 위해 노력하겠습니다. 여러분의 아낌없는 성원을 부탁드립니다.
>
> 감사합니다.

　또 한 가지 사례를 들자면 45년 전통의 모리나가 제과가 출시해 2019년 히트한 사탕 '모리나가 라무네'를 꼽을 수 있다. 이 제품의 인기몰이에도 알고 보면 퍼셉션이 관련되어 있다.

시작은 5년 전에 SNS에서 화제가 된 입소문이었다. "라무네 사탕이 숙취 해소에 좋다." 이 소문이 언론에 소개되고, 한 의사가 자신의 블로그를 통해 '포도당 함유율이 90%인 모리나가 라무네에 숙취 해소 효과가 있다'라고 추천하면서 소문은 순식간에 번졌다.

사실 당시 모리나가 라무네의 인지도는 이미 85% 수준이었다. 누구나 아는 높은 인지도를 가진 제품의 퍼셉션을 완전히 뒤집는 내용이었던 탓에 입소문도 더 폭발적으로 퍼졌다. 당시 사람들은 모리나가 제과라고 하면 '어린아이들이나 먹는 과자'를 떠올렸다. 여기에 '숙취 해소에 좋다'라는 새로운 퍼셉션이 등장했고, 이를 반전 매력으로 받아들인 소비자들이 입소문을 만들어낸 것이다.

모리나가 제과는 라무네 사탕의 인기에 힘입어 2018년 3월에 기존 상품보다 1.5배 크기를 키운 '큰알 라무네'를 출시했고, 이 제품 역시 대성공을 거두었다. 기존 라무네 사탕의 인기도 여전한 가운데 신제품 판매까지 더해져 모리나가 제과는 라무네 제품만으로 4년 만에 매출이 2배 뛰었다.

퍼셉션은 세상 모든 곳에 존재한다. 물건을 팔리게 만드는 힘에도, 기업이 성장하는 원동력에도, 국제적인 여론의 형성배경에도 특정한 인식이 영향을 미친다. 지금 당신이 하는 일에는 퍼셉션이 어떤 영향을 미치고 있을까? 이런 관점에서 다시 생각해보자.

퍼셉션을 만드는 5가지 요소

변화를 일으키는 일은 절대 쉽지 않다. 하지만 퍼셉션의 비밀에 한 걸음씩 다가가다 보면 틀림없이 마케팅 과제의 해결책과 기업 홍보 아이디어가 보인다. 그렇다면 퍼셉션을 형성하는 요인은 무엇일까?

세상에 존재하는 퍼셉션은 사람들이 가진 인식의 집합체이며, 이를 살펴보는 일은 결과론적인 경우가 많다. 결과라면 의도적으로 조정하기 어렵다고 생각할 수도 있지만, 퍼셉션의 형성과정을 분석해보면 공통 요인을 발견할 수 있다. 퍼셉션을 형성하는 다섯 가지 요소는 다음과 같다.

- 현상 Phenomenon
- 문해력 Literacy
- 집단 Group
- 타이밍 Timing
- 대립 Contrast

지금부터 각각의 요소가 어떻게 퍼셉션을 형성하고 변화시키

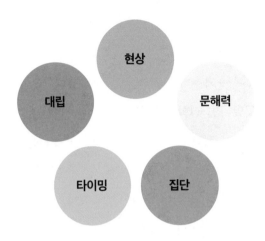

퍼셉션은 현상, 문해력, 집단, 타이밍, 대립이라는 다섯 가지 요소로 형성된다.

는지 깊이 들여다 보자.

마케팅이나 홍보 활동에서 '퍼셉션 조정 Perception Control'이라고 하면 해당 상품이나 서비스에 대해 세상에 퍼져 있는 인식을 새로 만들거나 바꾸는 것을 의미한다. 퍼셉션은 그 자체로 결과이며, 사람들이 어떤 식으로 받아들이는지는 여러 가지 요소가 복합적으로 작용해 결정된다. 지금부터 전학생을 예로 퍼셉션을 형성하는 요소를 다섯 가지로 나누어 분석해보겠다.

전학을 가본 적이 있는가? 일반적으로 전학 첫날에는 반 친구들 앞에서 자기소개를 한다. 이때 전학생은 처음 반 친구들에게 '인지'된다. 정보가 부족해 아직 퍼셉션은 형성되지 않은 상태로,

반 친구들은 그 후에 얻은 정보를 바탕으로 전학생에 대한 퍼셉션을 형성하기 시작한다.

"이전 학교에서 싸우다가 정학 처분을 받았대." 만약 교실에 이런 소문이 돌았다면 전학생에게는 바로 '폭력적인 아이', '무서운 애'라는 퍼셉션이 생긴다. 이것이 퍼셉션을 형성하는 첫 번째 요소인 **현상**Phenomenon이다.

모든 퍼셉션에는 현상이나 사실이 개입한다. 아니 땐 굴뚝에 연기가 날 리 없다는 말이다. 이 부분이 이미지(인상)와 퍼셉션의 차이라고도 할 수 있다. 처음 본 전학생을 무섭다고 느끼는 것은 어디까지나 이미지일 뿐이지 퍼셉션이 아니다. 퍼셉션이 형성되려면 사실 여부와 상관없이 실체Fact를 동반한 구체적인 현상이 있어야 한다.

예를 들어보자. 예전에 하이볼(위스키에 탄산수와 얼음 등을 넣어 만든 음료) 열풍을 일으켰던 산토리는 일부러 도쿄 중심부에 젊은 이들이 와자지껄하게 하이볼을 마시는 술집을 오픈했다. 이 현상을 언론이 보도했고, 이어서 '위스키가 하이볼로 다시 태어나 젊은 층의 마음을 사로잡았다'라는 퍼셉션이 형성되기 시작했다.

또한 전학생의 퍼셉션은 반 친구들이 자라온 사회나 가정환경에 따라서도 달라진다. 전학생의 말이나 행동을 관찰한 반 친구들 사이에 전학생을 두고 '말투가 험한 애'라는 퍼셉션이 형성되었다

고 하자. 하지만 전학생의 말투가 일부 학생에게는 '평범한 정도'
로 보일 수도 있다. 전학생은 같은 말과 행동을 했지만 보는 사람
의 경험과 가치관에 따라 다른 퍼셉션이 형성될 수도 있다. 이것
이 두 번째 요소인 **문해력**Literacy이다.

현대 사회에서 문해력은 단순히 읽고 쓰는 능력이 아니라 주어
진 재료에서 필요한 정보를 뽑아내 활용하는 능력을 의미한다. 그
리고 사물과 현상을 인식하는 문해력은 당사자가 속한 사회적 환
경과 문화적 배경에 따라 달라진다. 같은 현상을 보았더라도 보는
사람의 문해력에 따라 기대치와 이해도가 다르다는 말이다.

최고 매출을 달성한 스웨덴 생협의 비결

스웨덴 생협Coop Sweden은 몇 년 전에 동영상 마케팅에 성공해서
지난 20년을 통틀어 최고의 매출을 올렸다. 동영상은 한 가족이
2주 동안 유기농 식품을 먹는 과정을 촬영한 다큐멘터리였다. 영
상을 통해 2주간 유기농 식품을 먹은 아이들의 몸에서 검출된 화
학물질 수치가 0에 가깝게 떨어지는 놀라운 결과가 공개됐다.

다른 나라에는 유기농 식품이 '건강에 좋다'라는 퍼셉션이 이미

정착된 상황이었지만, 스웨덴은 여전히 '환경에는 좋지만 값이 비싸다'라는 퍼셉션이 지배적이었다. 이 다큐멘터리는 그런 퍼셉션을 바꾸기 위한 전략이었다. 이처럼 국가와 문화가 달라 생기는 문해력의 차이도 퍼셉션 형성에 영향을 미친다.

다시 전학생 이야기를 해 보자. 전학생이 누구와 함께 다니는지도 반 친구들의 인식에 영향을 미친다. 교내에서 평판이 좋지 않은 학생들과 함께 다니면 '불량 학생'이라는 퍼셉션이, 화려하게 치장한 학생들과 함께 다니면 '꾸미기 좋아하는 학생'이라는 퍼셉션이 형성된다. 소속된 집단의 퍼셉션은 개인의 퍼셉션 형성에도 영향을 준다. 이것이 세 번째 요소인 **집단**Group이다.

사람은 무언가를 보고 들으면 그것이 무엇인지를 이해하려고 한다. 또한 가능한 빨리 효율적으로 이해하고 싶어한다. 이때 집단을 구분하고 카테고리를 나누는 방법이 도움이 된다. 기존에 있던 집단에 집어넣을 수 있으면 이해하기도 훨씬 쉽다. 이런 심리를 뒤집어 생각하면 어떤 집단으로 보이는지에 따라 퍼셉션이 달라질 수 있다는 뜻이다.

여기에 해당하는 사례로 전동 휠체어가 있다. 전동 휠체어는 기술의 발달과 사회 환경의 변화로 최근 주목받고 있는 제품이다. 성능과 디자인 같은 물성 요소는 같아도 이 제품의 카테고리를 환자나 장애인용 제품으로 분류하면 '이동이 어려운 사람을 위한 보조 제품'이 되고, 1인용 이동 수단으로 분류하면 '차세대 이동 수단'이 된다. 이처럼 제품이 포함되는 카테고리에 따라서 세상의 퍼셉션이 크게 달라진다. 그런 의미에서 집단은 마케팅 전략과도 밀접한 관련이 있는 중요한 요소다.

코로나19, 마스크에 대한 인식을 바꾸다 ⋮

타이밍Timing 또한 퍼셉션 형성에 큰 영향을 미친다. 계속해서 전학생을 예로 들자면 여기서는 학교의 상황이 타이밍을 좌우하는 요인이 된다. 전학을 온 시기가 분위기가 엄한지, 자유로운지에 따라 전학생의 퍼셉션도 달라진다. 최근 일본에서는 불합리한 교칙에 맞서는 고등학생들의 이야기를 담은 드라마 〈블랙 교칙〉이 큰 화제를 모았다. 이에 따라 학교에서는 교칙 개정을 비롯해 학교 운영 방침을 재검토하는 움직임이 활발하다. 이러한 움직임에 따라 당연히 학교 분위기도 달라지기 마련이다.

마찬가지로 큰 사회적 경향이나 시대적 풍조가 기업이나 상품에 관한 퍼셉션에 영향을 미치기도 한다. 세상 분위기가 어떤지, 트렌드가 어디로 흘러가고 있는지, 흐름을 따르는 사람이 얼마나 있는지와 같은 요소는 퍼셉션 형성과 깊은 관련이 있다. 가장 최근의 사례로 마스크를 꼽을 수 있다. 평소에는 언제라도 구할 수 있는 일상 용품이었지만 코로나19가 확산되자 상품 자체의 가치는 그대로인데도 순식간에 '쉽게 구할 수 없는 프리미엄 상품'으로 퍼셉션이 변했다.

마지막 요소는 **대립**Contrast이다. 예를 들어 전학생을 두고 반 친구들 사이에 '무섭다'는 퍼셉션이 거의 자리 잡았을 무렵, 새로운 전학생이 왔다고 하자. 그런데 새로운 전학생이 이른바 '일진'이라 불리는 불량 학생이었고, 전학을 오자마자 모두가 인정하는 '교내에서 제일 폭력적인 아이'로 등극했다. 이런 상황이 벌어지면 먼저 온 전학생에게 느꼈던 무섭다는 인상은 점점 흐려지며 그의 퍼셉션은 '가끔 무섭기도 하지만 평범한 정도의 친구'로 변한다.

도쿄 타워(1958년 준공, 333m)도 마찬가지다. 예전에는 도쿄에서 가장 높은 건축물로 여겨졌지만 도쿄 스카이트리(2012년 준공, 634m)가 생기자 이제는 높다는 생각이 들지 않는다. 모든 사물과 현상은 항상 상대 평가된다. 대립하는 대상이 생기면 둥글다고 생각했던 것이 사각으로 보이거나, 늙었다고 생각했던 사람이 젊어 보이기도 한다. 이것이 대립이 형성하는 퍼셉션이다.

택시 배차 서비스 앱 우버Uber의 등장으로 미국을 비롯한 여러

나라의 택시 업계가 큰 타격을 입었다. 여기에도 퍼셉션의 변화가 숨어 있다. 우버는 기존의 택시와 달리 경로를 사전에 지정할 수 있고, 이용자가 택시 기사를 평가하는 시스템이 있어서 친절한 응대를 받을 수 있는 등 편의성이 높다. 그러다 보니 기존의 택시 서비스 품질에 만족했던 소비자들도 우버를 이용하고 난 뒤에는 기존 택시에 불만을 느끼게 됐다. 결국 '기존 택시는 불편하다'라는 인식이 생겼다. 이 역시 대립이 형성한 퍼셉션의 예로 볼 수 있다.

이 다섯 가지가 퍼셉션을 형성하는 요소다. 이런 식으로 특정 퍼셉션이 어떻게 형태를 갖추는지 그 요인을 하나씩 분석해보면 퍼셉션이 형성되는 원리를 조금은 이해할 수 있을 것이다.

실제로는 이 요소들의 상호작용도 일어나지만, 이 책에서는 이해를 돕기 위해 크게 다섯 가지로 나누어 정리했다. 사실 퍼셉션은 반드시 다섯 가지 요소가 모두 모여야만 형성되는 것은 아니다. 하나의 요소만으로도 일어날 수 있다. 그래도 모든 요소를 이해해야 퍼셉션을 의도대로 조정할 수 있는 만큼, 마케팅 업계에서는 퍼셉션을 형성하는 다섯 요소를 이해하는 일이 중요하다.

왜 지금 퍼셉션에 주목해야 할까?

앞에서 퍼셉션을 형성하는 요소에 관해 이해했다면 이제 '왜 지금 우리가 퍼셉션에 주목해야 하는가'가 궁금할 것이다. 퍼셉션은 최근에 새로 생겨난 개념이 아니다. 시대의 흐름과 사회의 모습이 변하면서 중요해졌을 뿐이다. 물론 그 변화에는 다양한 요인이 얽혀 있지만 여기서는 크게 **'메타 시대, 사회와의 접점, 장기적인 유연성'**이라는 세 가지 이유로 정리해보았다. 순서대로 살펴보자.

메타 시대

현대 사회는 '자신을 객관적으로 보는 능력'의 가치를 높게 평가한다. 그래서인지 요즘 비즈니스 업계에서는 자주 '메타인지Metacognition'의 중요성을 강조한다. 메타인지란 '내가 알고 있다는 사실을 인지하는 것'으로 정의할 수 있다. 즉 본인의 생각과 행동을 객관적으로 인지해서 자기 자신의 인지행동을 파악하는 능력을 말한다.

설명은 조금 복잡하게 들리겠지만, 요점은 소크라테스가 주장한 '무지의 지(無知의 知-자기가 어떤 것에 대해 모른다는 사실 자체를 스스로 깨달음)'에 있다. 또 다른 내가 위에서 자기 자신을 냉정하게 내려다볼 수 있는 상태라고 생각해보자. 메타인지가 가능한 비즈니스인은 객관적인 관점에서 모든 사물과 현상을 보고 항상 냉정한 판단을 내려 범용성 높은 제안을 한다.

이런 양상은 앞으로 소비자의 중심이 될 Z세대에게서 뚜렷하게 나타난다. Z세대는 소비 행동을 할 때 자신에게 필요한 것과 필요하지 않은 것을 객관적으로 판단한다. 모두가 가지고 있으니까 구매하는 것이 아니라 자신에게 정말 필요한 상품이나 서비스인지를 곰곰이 따져본다. 그들은 '상품을 구매하는 자기 자신'을 객관적으로 판단할 수 있는 메타인지 능력을 갖췄다. 또한 가치관이 비슷한 사람들끼리 SNS나 가상 공간에서 소규모로 모이는 '마이크로 커뮤니티'에서 편안함을 느낀다. 그곳에 있는 자신을 현실의 자신과 분리해 객관적으로 볼 수 있기 때문이다.

이런 현상은 Z세대가 소셜 네이티브(유소년기부터 스마트폰이나 SNS을 사용한 세대-역자 주)라는 사실과도 무관하지 않다. 일본 BBT대학Business Breakthrough University의 사이토 도오루斉藤徹 교수가 발표한 Z세대에 관한 조사에 따르면 Z세대는 SNS에 올린 글을 봤다는 전제로 대화하는 사람이 전체의 62%에 달했다. 소셜 네이티브인 그들은 자기 자신을 객관적으로 보는 일이 더 자연스럽고, 지나치게 주관적인 사람이나 브랜드는 촌스럽고 유행에 뒤처진다고 생각한다.

기업이나 브랜드의 주관적 입장도 어차피 기술이 발전하면 결국 재고해야 하는 시기가 온다. 지금은 이른바 '웹 3.0' 시대다. 웹 3.0은 2022년 시점에서 메타버스와 함께 가장 주목받는 키워드다.

제3단계 인터넷 세상을 의미하는 웹 3.0의 핵심은 인터넷의 민주화와 분산화다. GAFAM(구글, 애플, 페이스북, 아마존, 마이크로소프트)로 대표되는 플랫폼 제공자와 거대 기업에 데이터의 소유권이 집중되었던 상태에서 벗어나는 단계다. 블록체인 기술을 통해 데이터를 개인이 소유하는 시대가 빠르게 다가오고 있다.

기업과 브랜드가 소유의 중심이었던 시대는 막을 내리고 기업과 소비자의 관계는 점차 평등해질 것이다. 따라서 앞으로의 시대에는 주관적이고 일방적으로 정보를 제공하는 관점에서 벗어나 자기 자신을 객관적으로 바라보는 관점이 필요하다.

앞으로의 세상과 소비자에게는 메타인지, 즉 자기 자신을 객관적으로 보는 능력이 중요해지고, 기술의 발전에 따라 브랜드와 소비자의 관계가 점차 평등해질 것이다. 그런 세상에서는 브랜드도 스스로 메타인지 능력을 갖춰야 한다. 이른바 '메타 시대'의 새로운 막이 열렸다. 이것이 기업과 브랜드가 객관적 시선으로 자기 자신을 돌아보며 퍼셉션을 이해해야 하는 첫 번째 이유다.

사회와의 접점

요즘 기업과 브랜드의 관심사 중 하나는 다름 아닌 '사회와의 접점 찾기'다. 그리고 같은 맥락에서 '기업의 목적Purpose'에도 관심이 쏠리고 있다. 비즈니스 분야에서 기업의 목적은 기업이나 브랜드의 '사회적 존재 의의'를 의미한다. 그 사업과 브랜드가 이 사회에 존재하는 이유가 무엇인가? 이 질문의 답이야말로 기업이 추구해야 할 목적이며, 오래도록 사회의 지지를 받아온 훌륭한 기업에는 문자로 정해졌는지明文化 여부와 상관없이 반드시 목적하는 바가 있다.

그리고 그 바탕에는 두말할 필요도 없이 SDGs(지속가능한 개발 목표)와 ESG(환경·사회·지배구조)가 존재한다. 17개 목표와 169개의 세부 목표로 구성된 SDGs의 이념은 '지구상의 단 한 사람도 소외되지 않는 것Leave no one behind'이다. 다만 SDGs는 유엔이 정한 목표일 뿐 기업에 부과된 의무는 아니다.

그런데도 기업이 SDGs 달성을 위해 노력하는 이유는 기업 가치를 최대로 끌어올리려는 경영자와 주주들의 목표, 목적과 일치하기 때문이다. 그런 점에서는 이제 세계적인 트렌드가 된 기업의 ESG 투자도 마찬가지다. ESG 투자는 환경Environment, 사회Social, 지배구조Governance의 관점에서 기업을 분석하고 평가해 투자한다는 개념이다. 이산화탄소 배출량 저감과 같은 환경에 대한 배려와 다양성Diversity 존중을 위한 노력, 지역사회 지원, 위기관리를 위한 정보 공개, 법규 준수 등이 ESG의 평가 지표가 된다.

여기서 핵심은 '실적을 쌓아서 얼마나 사회로부터 신뢰를 얻느냐'다. 유명크리에이티브 디렉터 레이 이나모토도 대세는 '스토리텔링에서 신뢰 구축으로' 바뀌었다고 언급했다. 신뢰를 얻으려면 이미지만으로는 어렵다. 눈에 보이는 실적이 필요하다. 그리고 앞에서 언급했듯이 이러한 실적, 즉 눈에 보이는 실체가 퍼셉션을 형성하는 하나의 요소가 된다.

여기서 생기는 한 가지 문제가 신뢰를 구축해야 할 사회와의 접점이 끝도 없이 늘어나고 있다는 것이다. 소비자와의 터치 포인트도 다각화됐고, 기업이나 브랜드를 둘러싼 이해관계자Stake-holder도 다양해졌다. 그중 하나가 최근 중요한 이해관계자로 떠오른 '직원'이다. 아르바이트와 비정규직을 포함한 전 직원과 기업 사이의 소통 문제가 인터넷을 뜨겁게 달구는 일들이 벌어지고 있다.

2022년 6월에 도미노 피자 일본 법인은 L사이즈 피자 한 판을 주문하면 M사이즈 피자 두 판을 무료로 주는 할인 행사를 진행했다. 당시 트위터에 행사를 더 저렴하게 이용할 수 있는 꿀팁 정리가 올라올 정도로 화제를 모았고, 그 결과 전국 도미노 피자 매장에는 주문이 쉴 새 없이 밀려들었다. 하지만 매출 증가로 즐거울 줄 알았던 도미노 피자에서는 예상외의 일 폭탄을 맞은 현장 직원들의 끔찍한 비명들이 들려왔다.

'슬슬 쓰러지는 직원이 나올 때가 됐다', '쉴 새 없이 (피자를) 만들었는데 아직도 주문이 남았다. 살려줘!'와 같은 글들이 기업용 SNS인 '워크플레이스Workplace'에 잇따라 올라오자 도미노 피자의 사내 홍보 담당자는 이 같은 행동을 자제하라고 명령했다. 하지만 그 일까지 모두 주간지에 보도되면서 인터넷이 부정적인 여론으로 들끓기 시작했다.

도미노 피자와 같은 사례는 일일이 언급할 수 없을 만큼 많다. 입장에 따라 다르게 보이는 실체는 각각의 이해관계자에게 서로 다른 퍼셉션을 형성하게 한다. 이처럼 이해관계자들 사이에서 발생하는 퍼셉션의 차이Perception Gap(인식 차이)가 화근이 되어 논란을 불러오기도 한다. 그리고 지금은 논란의 전체 모습을 투명하게 들여다볼 수 있는 SNS 시대다.

현대적 브랜드 매니지먼트는 단순히 브랜드를 관리하는 것만이 아니라 브랜드 관계자의 범위를 넓혀서 이해관계자까지 관리해야 한다. 또한 다양한 사회와의 접점을 여러 개의 점이 아니라 하나의 면으로 통일해야 한다. 이때 집점이나 접촉면을 소비자의 관점에서 보는 것이 바로 퍼셉션이다. 따라서 기업과 브랜드가 사회와 접점을 만들어 신뢰를 쌓아가려면 반드시 퍼셉션을 이해해야 한다.

장기적인 유연성

현대는 당장 내일 무슨 일이 벌어질지 알 수 없는, 앞날을 예측하기 어려운 시대다. 이는 최근 몇 년간 계속해서 나왔던 주장이며, 특히 코로나19 사태는 '세상에 무슨 일이 일어날지는 아무도 모른다'라는 사실을 전 세계 사람들에게 실감하게 했다. 설상가상으로 2022년에는 우크라이나 전쟁까지 터졌다. 지금 우리는 실로 불안정하고 불확실한 시대를 살고 있다.

이런 시대에 '오랫동안 변치 않는 브랜드 가치'를 유지하는 일은 점점 더 어려워질 것이다. 따라서 시대의 흐름에 맞춰 사회와 소비자가 자신들의 브랜드를 어떻게 생각하고 있는지를 끊임없이 고민하고 새롭게 업데이트해야 한다. 오랜 역사를 이어온 장수 브랜드일수록 쉽지 않은 도전일 것이다. 하지만 Z세대로 대표되는 새로운 세대는 지금까지 존재하지 않았던 가치관을 가졌다. 앞으로의 브랜드는 시대에 더욱 유연하게 대처하며 그 가치를 정의해야 한다.

다만 시대에 유연하게 적응하는 한편 장기적인 관점과 사상도 놓쳐서는 안 된다. 그중 하나로 앞에서 언급했던 SDGs와 같은 지속가능성을 위한 노력을 꼽을 수 있다. SDGs 달성 추진에 적극적인 브랜드를 꼽자면 가장 먼저 친환경 아웃도어 브랜드인 파타고니아Patagonia가 떠오르지만, 지속가능성 추진을 위한 노력에는 지구 환경 보호만 있는 것은 아니다. 예를 들어 생활용품 브랜드 라이온Lion은 저소득층 아이들을 지원하는 활동인 아이 식당을 통해서 아이들이 양치 습관을 들일 수 있도록 돕는다. 경제적인 어려움 때문에 집에 칫솔이 없어서 충치가 생기는 아이들을 지원하기 위해서다.

지속가능성이 브랜드와 사회의 관계를 이어주는 장기적 관점이라면 브랜드와 소비자의 직접적인 관계에도 장기적인 관점이 필요하다. 그래서 최근 LTV가 기업 경영의 중요한 테마로 떠오르기 시작했다. LTV는 Life Time Value의 줄임말로 '고객 평생 가치'를 의미한다. 쉽게 말해서 브랜드와 고객이 '오랜 관계를 유지'할 때 얻을 수 있는 기업의 이익을 보여주는 지표다.

200년의 전통을 자랑하는 장수 식품 기업인 미즈칸Mizkan도 최근 LTV에 주목하기 시작했다. 지금까지 식초나 낫토 식품 브랜드를 중심으로 마케팅을 추진해온 미즈칸이 2018년에 '미래 비전 선언'을 발표하며 사업 활동 자체를 미래 사회와 식생활에 공헌하는 방향으로 추진하겠다는 뜻을 밝혔다. 상품의 품질 보장을 당연한 전제로 미즈칸이라는 기업 브랜드의 팬을 만들어 LTV를 높이려는 목적이기도 하다.

이처럼 현대 사회에서는 '장기적이고 유연한' 브랜드 관리가 중요하다. 문제는 관리 방법이다. 시대의 흐름과 니즈에 유연하게 대응하면서도 핵심 부분에서 브랜드 자산Brand Equity을 잃지 않도록 객관적으로 관리해야 한다. 그리고 이때 활용할 수 있는 구체적인 방법의 하나가 퍼셉션을 이용한 관리다. 이것이 우리가 지금 퍼셉션에 주목해야 하는 세 번째 이유다.

여러분은 왜 지금 퍼셉션에 주목해야 하는지 이해했는가? 1장에서는 퍼셉션의 정의와 퍼셉션을 형성하는 다섯 가지 요소, 그리고 퍼셉션이 필요한 세 가지 이유를 순서대로 살펴보았다. 2장에서는 퍼셉션을 마케팅에 활용하는 방법에 관해 조금 더 구체적으로 살펴보자.

PERCEPTION

퍼셉션의 활용

5단계로 익히는 퍼셉션 활용법

MARKETING

앞에서는 고객과 소비자가 생각하는 상품이나 브랜드의 퍼셉션이 외적 요인의 영향을 받아 끊임없이 변한다는 사실을 설명했다. 이러한 퍼셉션의 변화를 파악할 때 **퍼셉션 흐름 관찰 모델**Perception Flow Model이라는 프레임워크를 활용할 수 있다. 퍼셉션 흐름 관찰 모델은 소비자의 퍼셉션을 중심으로 한 마케팅 활동의 전체 설계도이기도 하다.

퍼셉션 흐름 관찰 모델을 고안한 쿠 마케팅 컴퍼니Coup Marketing Company의 오토베 다이스케音部大輔 대표이사는 이 프레임워크에 관해 다음과 같이 설명한다.

"가장 큰 특징은 모델명에도 나와 있듯이 소비자의 퍼셉션 흐름에 영향을 미치는 4P(Product=상품, Price=가격, Place=유통, Promotion=판매 촉진)와 관련해 기업이 하는 모든 활동을 지각 자극, 즉 지각을 자극하는 요소로 본다는 점입니다. 쉽게 말해 소비자의 구매 행동 프로세스를 '인식이 변하는 흐름Perception Flow'으로 생각

퍼셉션 흐름 관찰 모델

브랜드 _____ 캠페인 _____

목적:
구역:
대상(인구):
러닝 목적:

상태	행동	퍼셉션	지각 자극	KPI	언론 매체 paid	owned	earned	기타
현재	1. 경쟁 제품을 구매·사용 중	a. ·						
인지	2. 대체 상품으로 인식함	b. ·	①·	i. 문제 인지율, 문제 관심도, 카테고리 인지율				
흥미	3. 브랜드를 기대하며 검토함	c. ·	②·	ii. 브랜드 인지율, 배려 인지율, 배려 관심도, 시험 사용 의향률				
구매	4. 브랜드를 선택하고 구매함	d. ·	③·	iii. 구매 의향률, 구매율, 진열, 점포 노출도				
사용	5. 제품을 처음으로 사용함	e. ·	④·	iv. 시험 사용 기대치				
만족	6. 브랜드 경험에 만족을 느낌	f. ·	⑤·	v. 사용 후 만족도·만족률				
재구매	7. 제품을 재구매함	g. ·	⑥·	vi. 전환 비용 인지율, 전환 비용 관심도, 사용 빈도·양, 재구매율				
리뷰	8. 브랜드를 추천함	h. ·	⑦· → ①②③④⑤⑥⑦으로	vii. 추천 의향률·의향도(NPS)				

쿠 마케팅 컴퍼니의 오토베 다이스케 대표가 고안한 퍼셉션 흐름 관찰 모델

한 모델입니다."

　퍼셉션 흐름 관찰 모델은 오토베 대표가 과거 P&G에서 여러 브랜드의 매니지먼트를 담당하던 당시 고안하고 직접 이름 붙인 모델이다. 그 후 이직과 컨설팅 업무를 통해서 세제와 탈취제를 비롯해 식품, 음료, 국내외 화장품에까지 해당 모델을 적용했다. 지금도 자동차, 오토바이, 의약품, 가전제품, 애플리케이션, 주택, 전력회사, 방송국 등 계속해서 적용 범위를 넓혀가고 있다. 제조업뿐만 아니라 학원이나 방송국, IP(지식재산)와 같은 서비스 분야

와 B2B(기업 간 거래) 사업에도 응용할 방안을 고안 중이다.

퍼셉션 흐름 관찰 모델에는 크게 세 가지 포인트가 있다. 첫 번째는 '전체를 조감할 수 있다'는 점이다. 마케팅 활동이나 디지털 전환DX: Digital Transformation과 같은 기업 혁신 활동에는 다양한 부문과 사람들이 참여하게 되지만, 전체적인 설계도가 없어 일을 제대로 진행하기 어렵다고 토로하는 기업들이 많다. 퍼셉션 흐름 관찰 모델은 복잡한 마케팅과 기업 활동의 전체 설계도로 활용할 수 있다.

두 번째는 '소비자를 중심으로 활동을 설계한다'는 점이다. 타깃 고객이나 소비자가 생각하는 상품과 브랜드의 퍼셉션 변화를 계속해서 가시화하다 보면 자연스럽게 소비자를 의식하고 소비자 관점에서 생각하게 된다. 마지막 세 번째는 하나의 퍼셉션 흐름 관찰 모델로 전체 마케팅 활동을 관리하는 만큼 사내외 관계자들과 '공통 언어를 공유하기 쉽다'는 점이다.

퍼셉션을 관찰하라

오토베 대표는 자신의 저서 《마케팅 기법: 퍼셉션 흐름 관찰 모델 해설집マーケティングの技法: パーセプションフロー・モデル全解説》에 이 세 가지 특징이 주는 6가지 이점을 정리했다.

> (1) 모든 활동을 파악할 수 있어 전체 계획을 최적화할 수 있다.
> (2) 전체 계획을 최적화하면 각 활동의 목적이 명확해져서 성공 확률이 높아진다.
> (3) 소비자의 변화를 기록하기 때문에 소비자 중심 경영을 시스템화할 수 있다.
> (4) 소비자의 변화와 단계에 맞춰 첨단 기술을 적용할 수 있다.
> (5) 공통 언어로 지식을 수집, 축적, 유통하는 플랫폼을 구축할 수 있다.
> (6) 부문 간의 의사소통이 활발해지고, 조직의 역량 강화와 자율적인 운영관리에 도움이 된다.

퍼셉션 흐름 관찰 모델을 더 자세히 알고 싶다면 오토베 대표의 저서를 추천한다. 오토베 대표의 책 머리말에 이런 구절이 있다.

「인식과 지각을 이해하면 '무엇을 말하고 어떻게 말할지'라는 화자의 관점뿐만 아니라 '어떻게 들리고 어떻게 이해할지'라는 청자의 관점까지 이해하게 된다.」

이는 이 책의 주제인 '객관성의 중요함'과도 일맥상통하는 부분이다.

세제는 세균을 제거해야 한다

앞에서 PR 전략으로 세탁 후에도 세균이 남아 있다는 퍼셉션을 형성해 소비자에게 '세균 제거'의 필요성을 인식시킨 세탁용 세제 아리엘의 마케팅 사례를 소개했다. 1997년 당시 세균 제거 효과를 내세우며 해당 프로젝트를 주도했던 사람이 다름 아닌 오토베 대표였다. 그는 이때 처음으로 **퍼셉션 흐름 관찰 모델**을 도입했다.

그는 먼저 위생 전문가와 함께 실증 실험을 진행해서 '세균의 이동 경로'라는 순환 모델을 만들었다. 밖에서 놀다 들어온 아이는 옷에 세균을 묻혀오고, 일본에는 쓰고 남은 목욕물을 세탁할 때 사용하는 집이 많다. 이런 요인들에 의해 보이지 않는 세균이 세탁조에 쌓이다 보니 일반적인 세탁 방법으로는 세균이 남을 수밖에 없다.

세탁해서 깨끗해진 것처럼 보이는 옷에 사실은 세균이 잔뜩 남아 있어, 이런 옷을 입으면 전염병에 걸릴 위험이 있다. 그뿐만 아니라 빨래를 말리려고 베란다에 나가 널기 전에 손으로 두드리면 세균이 손으로 옮겨올 수도 있다. P&G는 세균의 이동 경로 모델을 통해 눈에 보이지 않는 세균이 '세탁'이라는 행위를 통해 생활 전체로 번질 수 있다는 가능성을 도식화했다.

이 발표에 언론이 관심을 보였다. 앞에서 언급했듯이 세탁물의 세균 잔존 문제가 신문과 TV를 통해 전국적으로 크게 보도된 것이다. 아마도 당시 트위터가 있었다면 트위터 트렌드 순위에도 올랐을 것이다. 당연히 이 문제의 해결책에 관심이 쏠렸고 전문가들은 '세탁 시 세균을 제거하려면 세균 제거 효과가 있는 세제를 사용할 것'을 장려했다.

전략 PR의 역할은 여기까지다. '일반적인 세탁 방법으로는 세균을 완전히 제거할 수 없다'는 퍼셉션을 형성해 소비자가 세균 제거 효과가 있는 아리엘을 찾게 만드는 것까지다. 그다음은 브랜드의 기능을 홍보하며 가족의 건강을 지키고 싶어 하는 주부들의 마음에 정서적으로 다가갈 차례다.

이렇게 아리엘은 '좋은 세제 = 적게 써도 때가 잘 빠지는 세제'라는 퍼셉션을 '좋은 세제 = 세균 제거 효과가 있는 세제'로 바꾸며 새로운 시장을 개척했다. 퍼셉션 흐름 관찰 모델의 첫 번째 실적이 이 복잡한 소통과정을 관리한 일이었다.

뒤에서부터 더 자세히 설명하겠지만 마케팅에서 퍼셉션을 활용하는 방식은 다양하다. 브랜드나 카테고리 자체의 퍼셉션을 완전히 바꾸거나 아예 새로운 카테고리나 시장을 구축하기 위해 새로운 사회적 인식을 만들기도 한다.

어떤 방식이든 세상을 아우르는 폭넓은 퍼셉션의 변화를 일으켜야 새로운 시장을 개척할 수 있다. 하지만 사회적 인식은 브랜드가 주관하는 광고만으로는 조성하기 어렵다. 퍼셉션 흐름 관찰모델에서 초기에 지각을 자극하는 방법으로 전략 PR을 활용하는이유가 여기에 있다.

브랜드는 회사가 중요하게 생각하는 것

마케팅·홍보 담당자라면 브랜드와 퍼셉션, 이 두 가지 개념의관계를 정확하게 이해해야 한다. 실제로 광고·홍보 업계에서는'브랜드와 퍼셉션 중 어느 것을 우선해야 하는가'를 두고 자주 논쟁이 벌어진다. 여기서는 이와 관련된 이야기를 해보자.

우선은 그림을 보자. 브랜드와 퍼셉션의 개념 차이와 상관관계를 단순하게 표현한 그림이다.

브랜드가 가축을 식별하기 위해 찍었던 '낙인Brand'에서 유래했다는 사실은 이미 널리 알려져 있다. 마케팅 업계의 권위자인 필립 코틀러Philip Kotler 교수는 브랜드의 어원에 '경쟁자와의 차이'라는 관점을 더해 브랜드를 정의했다.

"브랜드란 각 판매자 또는 판매 집단의 제품이나 서비스를 식

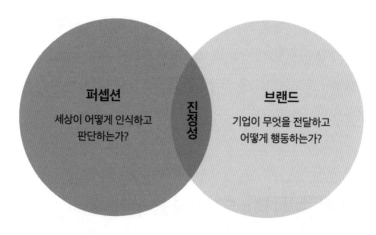

퍼셉션은 소비자의 관점에서 인식하는 것이고 브랜드는 기업의 관점에서 전달하고 싶은 것이다. 두 가지 생각이 겹치는 부분에 진정성 = 브랜드의 정당성이 존재한다.

별하고, 경쟁자의 제품이나 서비스와 구별하기 위해 붙이는 명칭, 단어·기호·상징·디자인, 또는 이들의 조합이다."

　브랜드에 관한 이론을 논하자면 끝도 없지만, 우선 넓은 의미에서 브랜드의 개념은 '구별·식별'이다.

　여기서 핵심은 브랜드를 만드는 주체가 기업이라는 점이다. 브랜드를 인식하는 주체는 세상과 소비자지만, 특정한 사업 목적에 따라 브랜드를 생성하는 주체는 당사자인 기업이다. 거의 모든 경우에서 브랜드의 성공과 기업의 이념은 밀접한 관계를 맺고 있다. 브랜드의 본질을 파고 들어가면 결국 '당신(기업)이 중요하게 생각하는 것'과 같다.

양극단에 존재하는 퍼셉션과 브랜드

그런 의미에서 퍼셉션과 브랜드는 서로 양극단에 존재한다. 당신이 '어떻게 보이고 싶은지'를 나타내는 것이 브랜드라면 퍼셉션은 '세상과 소비자가 당신을 어떻게 보는지'를 나타낸다. 둘 사이에는 항상 차이Gap가 존재한다.

"열심히 한 일인데 왜 다들 알아주지 않을까?" 사회초년생의 푸념처럼 들리는 이 질문이 바로, 브랜드와 퍼셉션 사이에 존재하는 딜레마이자 수많은 기업과 조직이 해결해야 할 마케팅 과제다.

브랜드와 퍼셉션은 출발점부터가 다르지만 서로에게 크게 영향을 미친다. 브랜드 전략이 퍼셉션을 변화시키기도 하고, 퍼셉션의 영향을 받아 브랜드의 가치가 올라가거나 훼손되기도 한다. 특히 SNS의 대중화로 소비자의 목소리에 힘이 생기면서 퍼셉션이 브랜드에 영향을 미치는 경향이 더욱 뚜렷해졌다.

마지막으로 그림 중심의 브랜드와 퍼셉션의 중첩 부분을 보자. '진정성Authenticity=브랜드의 정당성'이라고 부르는 부분이다. 진정성은 '당신(기업)이 하고 싶은 말과 행동'이 '당신(기업)에 대한 세상의 인식'과 일치한다는 의미다. 쉽게 말해 이해관계자 모두가 '이해하고 받아들인 상태'라고 할 수 있다.

성공적인 브랜드 캠페인이나 좋은 평가를 받는 PR 전략은 대부분 진정성 영역 안에서 계획을 수립하고 시행한다. 예를 들어 최근에는 SDGs에 대한 관심이 높아지면서 사회 문제와 브랜드를 연결하는 캠페인이 늘고 있다.

P&G가 인도에서 추진한 아리엘의 홍보 캠페인 'Share The Road'가 대표적인 사례다. 인도에서는 예전부터 남성들이 거의 가사에 참여하지 않았다. 한편 세탁 세제는 인도 중산층 이상 가정의 생활필수품이 되었다. 이 두 가지 상황을 고려한 P&G는 아리엘을 홍보하려면 세정력이나 세균 제거 효과와 같은 기능이 아니라 다른 면을 강조해야 한다고 판단했다.

아리엘의 홍보 캠페인은 한 영상을 공개하며 시작했다. 영상에는 집에 모여 출근한 딸들의 이야기를 하는 어머니들이 등장한다.

"우리 딸은 요새 엄청 바쁘대. 글쎄 사위보다 월급이 더 많다지 뭐야."

"우리 때랑은 다르다니까."

어머니들의 소소한 수다가 이어지는 사이 안쪽에서 사위의 외침이 들린다. "여보! 내 셔츠 왜 안 빨았어?" 어머니들이 일제히

고개를 돌려 돌아보면 이런 메시지가 뜬다.

'왜 빨래는 꼭 여성이 해야 하는가!'

P&G는 우선 화제를 불러일으킬 만한 영상을 공개해 분위기를 조성한 후에 언론을 움직였다. 그 결과 실제 TV 토론 프로그램이 편성되었고 가사에 참여하지 않는 남편들의 행동에 초점을 맞춰 열띤 토론이 벌어졌다.

이뿐만이 아니다. 인도의 패션 행사장에서 의류업체와 함께 '왜 빨래는 꼭 여성이 해야 하는가?'라는 메시지를 내걸기도 하고, 한 의류업체와 손잡고 옷에 부착하는 세탁 표시 라벨에 '남녀 모두 세탁할 수 있습니다Can be washed Boss&Woman'라는 풍자적 메시지를 넣기도 했다. P&G는 온·오프라인을 종횡무진 넘나들며 전략을 펼쳤다. 그 결과 약 150만 명의 인도 남성들이 SNS에서 '빨래를 하겠습니다'라고 선언하게 만들었다.

빨래하는 남편을 만드는 기획부터 시작한 P&G의 캠페인은 다음 단계로 자녀 교육에 초점을 맞춰 남자아이에게 어릴 때부터 빨래하는 방법을 가르쳐야 한다고 강조했다. 세탁 세제를 만드는 회사의 특성을 살린 양성평등 아이디어는 기업의 진정성을 보여주었고, 브랜드의 호감도와 구매 의욕을 동시에 끌어올렸다.

진정성이 주는 2가지 이점

특히 최근 들어 미국에서는 진정성을 중시하는 움직임이 눈에 띈다. 진정성이 주는 이점은 두 가지다. 하나는 앞서 P&G의 사례에서 소개했듯이 비즈니스와 직결된다는 점이다.

그리고 또 하나는 비난을 막을 수 있다는 점이다. 기업이 받는 비난에는 몇 가지 유형이 있다. 그중 하나가 이른바 '너희나 잘해'라는 식의 진정성(일관성) 없음에 대한 비난이다. 예를 들어 기업에서 양성평등을 주제로 홍보 캠페인을 하는데 실제 그 기업 내부에는 여성 임원이 한 명도 없거나, 근무방식 개선을 지원하는 서비스를 선전하는 기업이 실제로는 악덕 기업으로 소문나 있을 때 이런 비난이 쏟아진다. 따라서 철저한 진정성 추구는 이와 같은 양면적인 모습이 불러오는 예상치 못한 비난을 막아준다. 그래서 미국 기업들은 진정성을 중요하게 생각한다.

이와 관련해 미국의 대형 홍보 대행사 플레시먼힐러드Fleishman-Hilard가 제공하는 **기업의 진정성 조사 모델**을 살펴보자. 이 모델에 따르면 기업의 진정성은 크게 세 가지 영역에서 평가할 수 있다.

첫 번째는 '사회적으로 올바른 행동인가?', '소비자와 신뢰 관계를 바탕으로 소통하고 있는가?' 등을 평가하는 경영자의 행동Man-

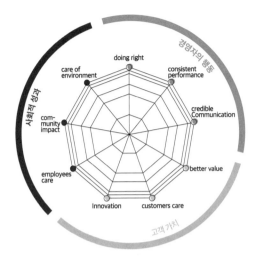

경영자의 행동

doing right

consistent
performance

care of
environment

credible
Communication

사회적 성과

com-
munity
impact

better value

employees
care

Innovation   customers care

고객 가치

미국의 대형 홍보 대행사 플레시먼힐러드가 제공하는 기업의 진정성 조사 모델

agement Behavior 영역이며, 두 번째는 '혁신을 추진하는가?', '소비자
를 보호하는가?' 등을 평가하는 고객 가치Customer Benefit 영역이고,
마지막 세 번째는 '환경과 직원을 배려하는가?' 등을 평가하는 사
회적 성과Society Outcome 영역이다.

소비자는 기업 브랜드와 상품 브랜드를 구분해서 생각하지 않
는다. 따라서 세계적인 브랜드들은 진정성 조사 모델을 활용해 자
사의 진정성을 평가하고, 브랜드와 퍼셉션의 정합성을 높이려고
노력한다.

다음부터는 여러 가지 사례와 함께 퍼셉션을 다양하게 활용하

는 방법을 살펴보자. 여기서부터가 이 책의 핵심이다. 핵심으로 들어가기 전에 먼저 퍼셉션 활용의 5단계인 '**만들기, 바꾸기, 지키기, 파악하기, 활용하기**'에 관해 간단히 정리해보자.

1단계 | 퍼셉션 만들기 – 새로운 인식의 창조

새로운 퍼셉션의 형성은 곧 새로운 시장의 개척을 의미한다. 따라서 확고한 신념을 바탕으로 세상에 새로운 인식을 심어야 한다. P&G는 아리엘의 세균 제거 홍보라는 마케팅 전략을 '일반적인 세탁법으로는 세균을 완전히 제거할 수 없다'는 퍼셉션을 만드는 일부터 시작했다.

새로운 시장을 개척하는 방법은 여러 가지다. 경쟁 상대를 분석하고 철저한 소비자 조사를 통해 새로운 시장을 구상할 수도 있다. 하지만 요즘은 조사 결과만으로 새로운 시장을 개척할 수 있는 단순한 시대가 아니다. 소비자도 미처 깨닫지 못한 본질을 꿰뚫어 볼 수 있어야 한다.

또한 경쟁 상대를 아무리 분석해봤자 애당초 기존에 있던 좁은 시장 안에서의 분석일 뿐이다. 동종업계 경쟁자를 조사해서 새로운 시장이나 마케팅 아이디어를 발견하기는 쉽지 않다. 하지만 퍼셉션을 활용하면 이 문제를 해결할 수 있다. '새로운 퍼셉션을 형성할 수 있는 부분은 어디일까?' 이러한 발상 자체가 새로운 시장과 비즈니스를 창출하는 기회로 이어진다.

2단계 | 퍼셉션 바꾸기 – 인식의 변화

퍼셉션 체인지Perception Change란 상품이나 서비스에 대해 이미 형성된 퍼셉션이 상황의 변화나 의도에 따라 바뀌는 것을 말한다. '바꾼다'라는 표현 자체가 이미 퍼셉션이 존재한다는 사실을 전제로 한다. 개인적인 생각이지만, 퍼셉션을 활용하는 5단계 중에서 가장 많은 사례가 존재하는 부분이 퍼셉션 체인지다. 새로운 시장 개척이나 새로운 서비스 구축보다 진입장벽이 훨씬 낮기 때문이다. 또한 늘 제자리걸음을 하는 장수 브랜드처럼 기존의 퍼셉션이 마케팅의 발목을 잡는 경우도 상당히 많다. 퍼셉션 체인지는 기존의 퍼셉션만 바꾸면 새로운 고객도 확보하고, 브랜드에 다시 활력을 불어넣을 수도 있어 가장 수요가 많은 활용법이다.

퍼셉션은 사회 트렌드와 밀접하게 엮여 있다. 따라서 상품과 브랜드의 퍼셉션을 원하는 방향으로 바꾸고 싶다면 세상의 트렌드가 어떻게 변해가는지를 파악해서 중장기적인 시점으로 프로젝트를 추진해야 한다. 퍼셉션 체인지의 핵심은 '트렌드 파악'이다.

3단계 | 퍼셉션 지키기 – 바람직한 인식의 유지·관리

앞서 말한 퍼셉션을 형성하고 바꾸는 방법은 이른바 적극적인 활용 방법이다. 하지만 때로는 퍼셉션을 지키는 방어적인 자세도 필요하다.

참고로 인지에는 '지킨다'라는 개념이 존재하지 않는다. 굳이 말하자면 인지의 개념에서는 계속해서 광고를 내보내 사람들의 기억을 상기시키는 것이 중요하다. 하지만 퍼셉션은 다양한 요인의 영향을 받아 계속해서 변한다. 심지어 동시다발적으로 형성된다. 퍼셉션은 하나가 아니라 당신의 회사와 브랜드를 보는 각도와 보는 사람에 따라서 다르게 형성될 수 있다. 따라서 한쪽에서 자사와 자사 브랜드에 유리한 퍼셉션을 형성하려고 하면 다른 쪽에서는 퍼셉션이 훼손되기도 한다.

그런 의미에서 보면 '지킨다'라는 시점도 퍼셉션 전략에서 매우 중요한 사항이며, 퍼셉션을 유지하고 관리하려면 그에 따른 노하우가 필요하다.

퍼셉션을 지키는 상황은 크게 두 가지로 나눌 수 있다. 하나는 경쟁자가 있거나 위험 요소가 있을 때다. 이때는 말 그대로 바람직한 퍼셉션을 지켜야 한다. 그리고 다른 하나는 자기 자신이 경쟁자인 경우다. 예를 들면 장수 기업이나 스테디셀러 상품이 가진 명성을 지켜야 하는 상황이 여기에 속한다.

4단계 | 퍼셉션 파악하기 – 기존 인식의 측정과 분석

마케팅에서는 추진한 전략의 효과를 측정하고 분석해 KPI(핵심 성과지표)를 보고 다음 전략에 적용하는 작업이 매우 중요하다. 하지만 퍼셉션의 공헌도를 정확하게 측정하기란 쉬운 일이 아니다. 이유는 두 가지다.

하나는 퍼셉션이 소비자, 즉 세상의 인식이기 때문이다. 기업이 생각하는 퍼셉션은 소비자가 상품이나 브랜드를 어떻게 인식하고 있는지를 의미한다. 어디까지나 소비자의 관점이기 때문에 파악할 방법이 많지 않다.

그리고 또 하나는 퍼셉션이 살아 있는 생물처럼 계속해서 변하기 때문이다. 일반적으로 인지도는 광고를 많이 하면 할수록 올라가고 적게 하면 떨어지는, 비교적 파악하기 쉬운 지표다. 하지만 퍼셉션은 그 내용과 사회의 상황까지 얽혀 복잡하게 변화한다. 그런 변화까지 시간의 흐름에 따라 제대로 파악하는 일은 결코 쉽지 않다.

지금까지 기업이 해온 마케팅 조사와 소비자 조사는 그대로 적용할 수 없다. 퍼셉션을 측정하려면 독자적인 노하우가 필요하다. 따라서 퍼셉션의 구체적인 조사 방법과 조사 빈도, 그리고 결과를 어떻게 마케팅 활동에 활용하는지 사례를 통해 살펴보겠다.

5단계 | 퍼셉션 활용하기 − 사내 홍보와 상품 개발에 응용

퍼셉션은 마케팅뿐만 아니라 비즈니스 전체에 폭넓게 응용할수 있다. 이때 응용 범위는 크게 소통의 대상을 확대하는 일과 마케팅을 뛰어넘어 활동 범위를 넓히는 일로 나뉜다.

소통의 대상은 일반적으로 홍보와 PR 분야에서 말하는 기업이나 브랜드의 다양한 이해관계자를 의미한다. 심지어 요즘은 '멀티이해관계자Multi-stakeholder'라 불리며 점점 더 복잡하고 다양해지고있다. 이는 소통의 대상도 다양해지고 있다는 의미다.

또한 국경이 사라진 글로벌한 시대가 된 이상 다른 나라와 문화, 언어에도 대응해야 하고, LGBTQ(성소수자)나 장애인과 같은소수집단에 관한 대응도 잊지 말아야 한다. 소통의 대상을 확대하면 그만큼 다양한 이해관계자와 다양한 가치관에 대응해야 한다는 사실을 명심하자.

또한 마케팅을 뛰어넘어 활동 범위를 넓히는 일은 간단히 말해'혁신'을 의미한다. 일반적으로 마케팅은 이미 완성된 제품이나 서비스의 시장을 확대하는 활동을 말한다. 여기에 퍼셉션의 개념을도입하면 새로운 제품과 지금까지 없었던 사업을 개발할 수 있다.

이상이 퍼셉션 활용의 5단계다. 이어지는 글에서 실제 사례와함께 각 활용법에 대해 더 자세히 살펴보자.

PERCEPTION

퍼셉션 만들기

새로운 인식으로 시장을 개척하라

MARKETING

'퍼셉션을 만든다'는 말은 다시 말해 지금까지 세상에 없던 '새로운 인식을 만든다'는 의미다. 기존 사회에 존재하던 특정 습관이나 행동에 관해 완전히 새로운 인식을 형성하면 새로운 시장을 개척할 수 있다.

하지만 새로운 퍼셉션은 마법처럼 뚝딱 만들어 낼 수 있는 것이 아니다. 그렇다면 어떻게 해야 할까? 힌트는 입문편에서 설명한 퍼셉션을 형성하는 다섯 가지 요소에 있다. 여기서 다시 한번 떠올려보자.

- 현상 Phenomenon
- 문해력 Literacy
- 집단 Group
- 타이밍 Timing
- 대립 Contrast

이중 어떤 요소로 인식이 형성되는지가 중요하다. 특히 처음 퍼셉션이 형성될 때는 그중에서도 다음의 세 가지 요소가 크게 영향을 미친다.

- 반복되는 '현상'
- '문해력'의 차이
- '대립'하는 대상의 존재

이제 구체적인 사례를 통해 하나씩 짚어보자.

기능만으로는 부족하다

새로운 제품이나 서비스를 세상에 퍼트리려면 해당 서비스나 제품의 인지도를 높이면서 어떤 서비스인지, 왜 이 제품이 필요한지에 관한 퍼셉션을 형성해야 한다. P&G의 세탁세제 아리엘은 '일반적인 세탁 방법으로는 세균을 완전히 제거할 수 없다'라는 퍼셉션을 형성해서 '세균 제거 효과가 있는 세제'의 수요를 창출했다.

하지만 스타트업들은 대부분 제품과 서비스의 기능만을 내세우고 소비자들의 행동이 변하기를 기대한다. 어떤 인식을 형성해야 하는지 명확하게 정의하지 못한 상태에서 서둘러 상품을 개발하고 판매한다. 제품을 빨리 시장에 내놓고 자금이 마련되면 서둘러 인지도 향상을 위해 광고를 대량으로 쏟아낸다.

물론 우선 베타 버전을 출시해 이용자의 반응을 살피면서 조금씩 제품을 업데이트하는 애자일 Agile 개발법이 틀렸다는 이야기는 아니다. 다만 인지도를 올리면서 퍼셉션도 함께 형성해야 한다는 뜻이다.

PR 피라미드라는 말을 들어본 적이 있는가? PR 피라미드는 전

PR 피라미드는 PR이 담당하는 역할을 언론 보도, 인식 변화, 행동 변화의 3단계로 정의했다.

세계 PR 업계를 중심으로 등장한 프레임워크이며, 세계 최대 규모의 국제 페스티벌인 칸 라이온스 국제광고제Cannes Lions Festival의 PR 부문 심사에도 사용된다. PR 피라미드에 따르면 PR은 가장 아래층이 **언론 보도**, 중간층이 **인식 변화**, 가장 위층이 **행동 변화**로 구성된 3층의 피라미드 형태로 되어 있다.

언론 보도

가장 아래층이자 첫 번째 단계는 언론 보도를 통한 '정보 노출'이다. 언론 보도는 주로 언론 홍보Media Relation라고 불리는 PR 활동을 통해 기사와 TV 프로그램에 상품이나 서비스를 소개해서 세상에 알리는 방법이다.

PR의 주체자는 보도자료나 참고자료를 언론에 제공하고, 언론은 받은 정보를 바탕으로 보도한다. 언론 보도를 통해 공개된 정보에는 제삼자의 판단이 더해지기 때문에 유료 광고 매체를 통한 광고 정보와 차별화할 수 있다. 블로거나 인플루언서가 올린 기사나 사진도 넓은 의미에서 언론 보도라고 할 수 있다.

인식 변화

중간 단계는 언론 보도의 영향으로 구체적인 변화가 일어나는 단계다. 지금까지 계속 설명했듯이 퍼셉션은 '인식', '이해' 등으로 번역된다.

가끔 상사나 단골 거래처 담당자가 "이번 거래는 ○○라고 이해하면 될까요?"라고 확인하듯 물을 때가 있다. 같은 상황에도 서로 다르게 인식하면 행동이 달라질 수 있기 때문이다. 모든 사람에게 똑같은 견해를 심어주어야 그에 따른 행동을 기대할 수 있다. 다시 말해 특정 퍼셉션이 특정 행동Behavior을 일으킨다는 이론이다. 이것이 인식 변화가 두 번째 단계에 있는 이유다.

행동 변화

피라미드의 가장 위층은 행동 변화가 일어나는 단계다. 정보가 세상에 공개되면 그 정보를 접한 사람들의 퍼셉션이 변하기 시작하고, 그 결과 예전에는 당연했던 행동이 변하거나 새로운 습관이 생긴다.

다만 인간의 행동은 쉽게 변하지는 않는다. 컵에 조금씩 차오르던 물이 일순간 넘치는 것처럼 신뢰할 수 있는 정보를 충분히 접하고 사물을 보는 관점이 조금씩 변하다가 어느 순간 구체적인 행동의 변화가 일어난다. 이 변화가 상품을 팔리게 만들고 서비스를 이용하는 사람들을 늘려 사업 목적을 달성하게 한다.

이용자가 늘지 않는 진짜 이유는?

앞서 말했듯 스타트업이나 신규 사업을 시작한 기업은 피라미드 꼭대기에 있는 행동 변화에만 집중하는 경향이 있다. 물론 어쩔 수 없는 부분도 있다. 지금까지 없던 새로운 무언가를 세상에 내놓으려 하는 기업은 '우리의 제품으로 사람들의 행동을 바꾸겠다'라는 명확한 비전을 품고 있기 마련이다.

그러나 이런 비전이 퍼셉션에 관한 논의를 뒷전으로 미루게 한다. '써보면 알겠지'라는 생각에 무조건 제품을 빨리 출시하고, 퍼셉션을 형성하려는 생각은 하지도 못한 채 자금이 마련되면 서둘러 인지도 향상을 위해 광고에 돈을 쏟아붓는다.

그렇게 되면 어떤 일이 벌어질까? B2B든 B2C든, 아무리 좋은 제품이어도 그 제품을 써야 할 이유나 동기가 없으면 이용자가 어느 정도 이상은 늘지 않는다. 인지도가 아니라 퍼셉션에 문제가 있다는 말이다.

그런데도 회사는 PR 피라미드의 중간 단계에서 해야 할 퍼셉션의 관한 논의나 설정도 하지 않은 채, 전략도 없이 무조건 인지도 향상만을 목표로 오로지 광고나 홍보 활동에만 매달린다. 광고를 하지 말라는 뜻은 아니다. 다만 좋은 제품이나 서비스일수록

퍼셉션이 없으면 안타까운 상황에 빠지기 쉽다는 사실을 알아야
한다.

아무리 회사와 제품의 인지도를 높여도 세상 사람들이 필요하
다고 인식하지 않으면 그들의 행동을 변화시킬 수 없다. 핵심은
어떤 퍼셉션을 세상에 퍼트릴지 명확히 정의하고 형성하는 것이
다. 퍼셉션이 명확하면 소비자의 행동뿐만 아니라 직원들의 행동
에도 영향을 미치게 된다.

1단계
퍼셉션
만들기

AI학습 앱, 1900개 학원에 도입되다

여기서 창업 3년 만에 1,900개 학원에 도입된 AI(인공지능) 학
습 애플리케이션 'atama+'를 개발한 아타마플러스의 기업 사례를
통해 명확한 퍼셉션이 얼마나 강한 위력을 발휘하는지 살펴보자.

코로나19 감염 확산으로 2020년 3월 2일에 일본 전역에 휴교
령이 내려지자 아타마플러스는 그동안 학원에서만 사용할 수 있
었던 atama+를 가정에서도 이용할 수 있도록 업데이트해 온라인
수업 모델을 만들었다. 새로운 서비스를 제공하자 이용자가 무려
10배나 늘었다.

자세히 들여다보면 이 성공 사례에도 퍼셉션이 관련되어 있다. 아타마플러스는 'AI를 활용하면 기초학력을 효율적으로 습득할 수 있다'라는 새로운 퍼셉션을 교육 시장에 형성해 단기간에 급성장을 이루어 냈다.

아타마플러스는 2017년에 세워진 신생 회사지만 현재 직원이 100명에 달할 정도로 성장했다. 과거에 교육 관련 사업을 하면서 다양한 교육 방식을 접해본 이나다 다이스케稲田大輔 대표는 새로운 교육 방식을 만들고 싶다는 생각에 대학 동기들과 함께 힘을 모아 사업에 뛰어들었다.

'사람들이 원하는 인생을 살 수 있도록 도우며, 함께 미래를 만들어 간다.' 이런 목표를 내건 아타마플러스는 19세기 후반부터 150여 년 동안 변하지 않은 일본의 교육 문화에 혁신을 일으키고자 했다. 새로운 교육 문화를 만들고 발전시켜 사회를 바꾸는 것이 그들의 목표다.

이나다 대표는 앞으로의 인재에게 필요한 능력은 크게 두 가지라고 생각했다. 하나는 영어, 수학, 국어와 같은 교과목을 통해 배우는 '기초학력'이고, 또 다른 하나는 동료와 협력하는 능력, 소통 능력, 프레젠테이션 능력, 협의 능력과 같이 입시 위주의 공부로는 배울 수 없는 '사회 적응력'이다. 그는 아이들이 이 두 가지 능력을 모두 배울 수 있는 교육 문화를 만들고 싶었다.

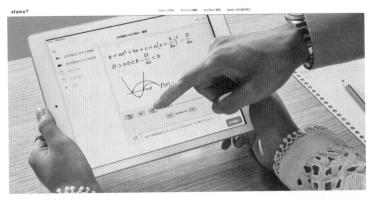

AI 학습 애플리케이션 아타마플러스는 'AI를 활용하면 기초학력을 효율적으로 습득할 수 있다'라는 퍼셉션을 형성해 사업에 성공했다

1단계
**퍼셉션
만들기**

하지만 안타깝게도 현재 일본의 교육 현장은 기초학력 습득에만 초점이 맞춰져 있다. 이러한 실태를 바꿔보고자 아타마플러스는 교육 혁신 제1탄으로 AI를 이용한 기초학력 습득의 효율화를 추진했다. 기초학력 습득에 드는 시간을 줄이기 위해 AI 학습 애플리케이션 atama+를 개발해서 전국 학원에 제공했다.

아타마플러스는 이 서비스로 학생들에게 개인 맞춤형Personal-ization 학습 서비스를 제공한다. 애플리케이션의 교재를 통해 해당 학생이 잘하는 부분과 어려워하는 부분은 물론, 실력이 향상되고 있는 부분이나 정체된 부분까지 다양한 데이터를 수집해 AI가 학생에게 맞는 교재를 자동으로 생성한다.

실제 선생님들은 지식을 전달하는 티칭Teaching과 학생의 목표에 맞춰 칭찬하거나 격려하는 코칭Coaching 역할을 동시에 수행한다. 아타마플러스는 이 점에 착안해 학원 업계와 손을 잡고 티칭은 AI가, 코칭은 선생님이 전담하는 새로운 교육 방식을 만들었다.

그런데 아타마플러스는 어떻게 창업 3년 만에 1,900개 학원에 atama+를 도입시킬 수 있었을까? 기회는 창업한 지 반년이 지났을 무렵에 찾아왔다. 교육 관련 기업인 제트카이Z-KAI 그룹에서 운영하는 개인지도 학원에서 atama+를 도입한 후에 학생들의 성적이 눈에 띄게 높아졌다는 결과가 나온 것이다. 이 소문이 퍼지자 다른 대형 학원들도 앞다투어 atama+를 도입하기 시작했고, 2019년 3월에는 일본의 대형 입시학원 중 하나인 조난입시학원이 오랫동안 이어오던 대형강의 형태의 수업 커리큘럼을 전면 폐지하고 atama+를 활용한 커리큘럼을 도입했다.

조난입시학원의 과감한 결단은 학원 업계에 큰 반향을 일으켰고 다른 학원들도 atama+의 도입을 서두르기 시작했다. 이때부터 학원 업계에는 AI 학습에 관한 새로운 퍼셉션이 형성되기 시작했다. 2020년 4월에는 일본의 또 다른 대형 입시학원인 슨다이입시학원도 코로나19 사태에 대응하고자 atama+를 도입해 모든 학생이 재택 수업을 받을 수 있도록 지원했다.

조난입시학원은 2019년 3월에 대형강의 형태의 수업 커리큘럼을
전면 폐지하고 atama+를 활용한 새로운 커리큘럼을 도입했다

　이나다 대표는 '스타트업이 목표를 이루려면 가장 빠른 방법은
무엇인지와 한정된 자원을 어디에 투입해야 하는지를 알아야 한
다'고 강조한다.

　한때 이나다 대표가 아타마플러스의 창업자로 언론에 자주 등
장하자 회사에는 대기업의 업무 제휴 요청이나 AI 기술을 활용한
전문 인재 육성, 자격증 시험공부의 효율화와 같은 매력적인 사업
제안이 쇄도했다고 한다. 하지만 이나다 대표는 모든 제안을 거절
했다. 폭넓은 분야에서 인지도를 높이는 것보다 'AI를 활용한 기
초학력 습득의 효율화'라는 특정 분야에서 퍼셉션을 형성해야 한
다고 판단했기 때문이다.

아타마플러스는 '일본 학원 시장에 나온 중·고등학생의 기초 학력 향상'으로 목표의 범위를 좁히고, 의식 계몽에 꾸준히 힘썼다. 그 결과 학원 업계에 새로운 퍼셉션을 형성할 수 있었다.

놀랍게도 아타마플러스는 지금까지 홍보 활동을 거의 하지 않았다고 한다. 실제로 교육 업계를 제외하면 별로 알려지지 않은 회사였다. 그렇다면 아타마플러스는 어떻게 퍼셉션을 형성할 수 있었을까?

가장 중요한 요소는 실적이다. 개발팀이 꾸준히 업데이트를 진행한 덕분에 atama+를 이용하는 학생들의 성적이 다른 학습법으로 공부하는 학생에 비해 놀라울 정도로 좋아졌다. 이 실적이 학원 관계자들 사이에 퍼셉션을 형성했다.

또한 atama+를 도입한 학원에는 컨설팅도 지원했다. 사실 아타마플러스는 실질적으로 영업은 하지 않는다. 대신 자사의 서비스를 도입한 학원에는 atama+를 활용한 새로운 교육 모델 설계부터 학부모와 학생에게 설명하는 방식, 학원의 이익률을 올리는 방법까지 지원한다. 이런 노력이 쌓이자 어느 순간 언론이 관심을 보이기 시작했고, 언론에 노출되자 고객은 더욱 늘어났다.

아타마플러스의 사례는 가장 이상적인 홍보 방법을 보여준다. 제품이나 서비스를 끊임없이 출시하고 기자에게 아무리 홍보를 부탁해도 언론에 노출되지 못하는 기업이 많다.

홍보 활동에 적극적이지 않았던 아타마플러스가 언론의 주목을 받을 수 있었던 이유도 어쩌면 퍼셉션 덕분일지 모른다. 평소 교육 문화 혁신에 관심이 있던 기자의 마음속에 'AI를 활용해 기초 학력 학습을 효율화할 수 있다'는 퍼셉션이 잠재되어 있었고, 아타마플러스의 노력이 그 기자의 퍼셉션과 맞아떨어졌기 때문일 수도 있다. 기자에게는 아타마플러스의 목표와 구체적인 활동 내용이 자신이 원하는 기사를 쓰기에 안성맞춤으로 보였을 것이다.

또한 창업 전부터 아타마플러스의 목표와 비전이 확실했고, 모든 직원이 그 뜻을 이해했다는 점도 중요한 요소다. 사내에 자사와 제품에 대한 통일된 퍼셉션이 존재해 직원 한 명 한 명이 목표를 향해 자율적으로 행동하는 문화가 만들어졌다.

이나다 대표는 퍼셉션을 형성할 수 있었던 이유에 대해 "제 생각이지만, 아타마플러스가 도전하는 과제에 모두가 공감했기 때문이 아닐까요?"라고 설명했다. 그는 기자와 인터뷰할 때면 항상 자사의 제품보다 자신들이 만들고 싶어 하는 교육의 참모습과 목표를 중심으로 이야기한다고 한다. 언론이 직접 찾아와 계몽적인 기사를 쓰게 만들었고, 그 기사를 학원 관계자들이 읽는 순환 구조Cycle가 생성된 것이다. 결과적으로 아타마플러스는 바람직한 포지셔닝Positioning에 성공했다.

하지만 모든 스타트업이 이런 방식으로 성공할 수 있는 것은 아니다. 아타마플러스는 창업하기 전부터 기업의 목표가 명확했기에 자사와 제품에 관한 퍼셉션을 직원 전체가 공유할 수 있었고, 외부로도 퍼셉션을 확산시킬 수 있었다. 그리고 이런 노력이 단기적인 성과로 이어졌다. 일반적으로 기업과 제품, 서비스는 탄생하는 순간 홍보를 중심으로PR-driven 사업을 추진해야 할지 말지가 정해진다. 아타마플러스는 이 선택에 성공한 좋은 사례다.

반복 현상이 퍼셉션을 만든다

퍼셉션과 이미지(인상)는 다르다. 이미지는 실체가 없어도 생길 수 있지만 퍼셉션이 만들어지려면 반드시 실체가 필요하다. 따라서 지금까지 세상에 없던 퍼셉션을 만들려면 새로운 '현상'이 필요하다.

그리고 현상과 퍼셉션이 반복되는 순환구조가 만들어지면 퍼셉션은 자연스럽게 퍼져나간다. 다시 말해 현상과 퍼셉션은 새로운 현상이 발생해서 퍼셉션이 형성되고, 퍼셉션이 형성돼서 현상이 발생하는 이른바 '닭이 먼저냐 달걀이 먼저냐'의 관계에 있다.

atama+는 'AI를 활용하면 기초학력을 효율적으로 습득할 수

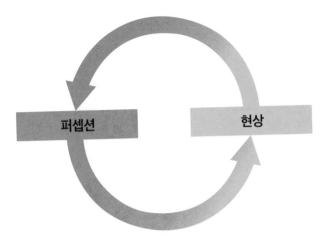

퍼셉션

현상

1단계
퍼셉션
만들기

퍼셉션과 현상이 반복되는 순환구조를 만들면 퍼셉션이 더욱 확고해진다

있다'라는 퍼셉션과 'atama+를 사용한 학생들의 성적 향상'이라
는 현상이 만든 순환구조를 이용해 서서히 학원가를 파고들었다.

그리고 이 흐름은 일본 최대 입시학원인 조난입시학원이 ata-
ma+를 도입해 개인지도 커리큘럼을 개설하면서 오랫동안 이어
왔던 대형강의형 커리큘럼을 전면 폐지하는 과감한 혁신으로 이
어졌다. 이 변화는 일본 학원 업계에 큰 반향을 일으키는 동시에
퍼셉션을 정착시켰다. 결과적으로 atama+ 도입에 속도가 붙었고
퍼셉션은 더욱 확산되었다.

우리는 이 사례를 통해 작고 좁은 범위라도 상관없으니 우선

현상을 일으켜야 한다는 중요한 사실을 배울 수 있다. 현상을 바탕으로 퍼셉션을 키우고, 퍼셉션이 다시 현상을 일으키는 순환구조가 만들어지면 퍼셉션은 확고히 자리매김할 수 있다.

퍼셉션 형성으로 대박이 난 시세이도의 남성용 BB크림

퍼셉션을 형성하면 대기업도 새로운 시장을 만들 수 있다. 이번에는 퍼셉션 형성으로 출시 9개월 만에 누적 출하량 38만 개를 달성한 시세이도의 남성용 화장품 브랜드 우노UNO의 남성용 BB크림의 성공 사례를 살펴보자.

제조업체마다 약간의 성분 차이는 있지만, BB크림은 일반적으로 에센스와 파운데이션의 기능을 하나로 합친 올인원 화장품을 말한다. 바르기만 해도 기미와 주근깨, 눈 밑 다크서클을 가려서 피부를 말끔하게 만들어준다. 그런데 적어도 일본에는 BB크림을 사용하는 남성이 거의 없었다.

우노는 일본을 비롯해 미국, 중국, 한국, 필리핀 등 9개 나라를 대상으로 비즈니스인의 화장품 이용률을 조사했다. 결과를 보니 해외의 이용률은 스킨케어 제품이 80%, BB크림이 60%에 달했지만, 일본의 이용률은 스킨케어 제품이 30%였고, BB크림은 불과 몇 %도 되지 않았다. 당시 일본의 남성용 색조 화장품 시장은 거의 없다고 봐야 할 정도였다.

실로 존재하지 않는 것이나 다름없었던 남성용 BB크림 시장을 개척한 상품이 바로 우노의 BB크림 'UNO 페이스 컬러 크리에이터'다. 하지만 이 상품도 출시하자마자 날개 돋친 듯이 팔렸던 것은 아니다. 2019년 3월에 출시했을 초기에는 일부 드러그스토어와 인터넷 쇼핑몰로 판매 채널이 한정되어 있었다. BB크림은 색조 화장품 카테고리로 분류되는 상품이다. 헤어케어나 클렌징 제품과는 달리 일반적으로 남성들에게 익숙하지 않은 제품이라서 전체 매장에서 판매하기는 시기상조라고 판단했다.

시세이도 재팬 맨즈·헤어·보디 마케팅 부문의 사토 사유리佐藤小百合 부사장은 남성용 색조 화장품 출시에 관해 다음과 같이 언급했다. "2018년 FW 시즌에 명품 브랜드 샤넬이 남성용 색조 화장품을 출시했습니다. 그 흐름이 언젠가는 일본에도 들어올 거라고 생각했지요."

하지만 '남성의 화장'에 대한 일본의 인식이 사업 추진의 큰 걸림돌이 되었다. 출시를 앞두고 시행한 조사에서 '화장은 여자들이 하는 것이며 남자가 하기에는 창피하다'는 남성들의 인식이 생각보다 높다는 사실이 밝혀졌다. 하지만 동시에 '얼굴색이 어둡거나 여드름 자국이 보이면 자신감이 떨어져서 사람을 만나기 싫다'라는 생각을 품고 있다는 사실도 알았다.

이 조사로 남성도 말끔한 피부로 좋은 첫인상을 주고 싶어한다는 사실이 확연하게 드러났다. 이에 우노의 마케팅팀은 '좋은 첫인상을 주고 싶다'라는 이상을 실현할 방법으로 화장을 제안했다.

첫인상도 만들 수 있다!

먼저 좋은 첫인상을 심어주려면 단정한 옷이나 머리 모양보다 말끔한 피부 상태가 더 중요하다는 점을 설명하고, 피부관리보다 화장이 주는 혜택이 더 크다는 점을 강조했다. 피부관리는 효과가 나타날 때까지 시간이 걸리지만, 화장을 통해서는 '쉽고 빠르게 좋은 인상을 만들 수 있다'고 설득한 것이다.

이제 막 사회에 진출한 젊은 남성들, 특히 30대는 커리어를 쌓기 위해 자격증 취득 공부를 하거나 창업가들의 세미나를 찾아다니고, 몸과 마음을 단련하기 위해 피트니스센터에 다닌다. 우노는 그들이 바쁜 시간을 쪼개서 노력한다는 점에 주목했다. 따라서 분

우노의 남성용 BB크림 UNO 페이스 컬러 크리에이터는 2019년 3월에 출시된 후 9개월 만에 누적 출하량이 38만 개를 넘었다

명 짧은 시간에 피부를 깨끗하게 정돈해서 좋은 첫인상을 만들어 주는 화장을 선택하리라 생각했다.

그래서 화장이 주는 최고의 혜택을 '일과 개인 생활의 질적 향상'으로 설정하고, '첫인상도 만들 수 있다'라는 퍼셉션을 형성했다. 이 퍼셉션은 제품이 내세운 '쉽고 빠르게 좋은 첫인상을 만들 수 있다'라는 메시지와도 일맥상통한다. 우노는 이 부분을 강조해 커리어 향상을 위해 노력하는 직장인이나 취업을 준비하는 학생들을 대상으로 홍보에 나섰다.

창업을 준비하는 사람이나 이직을 준비하는 엔지니어, 취업 준비 중인 사람을 대상으로 세미나를 열고 참가자들에게 BB크림을 소개했다. 물론 세미나는 어디까지나 창업이나 이직, 취업을 주제로 한 전문 컨설턴트의 강연이 중심이었다. 우노는 세미나에 포함된 부가적인 이벤트로 '미팅 자리에 나가거나 면접을 볼 때는 첫인상이 중요하다. 좋은 첫인상을 만드는 데 BB크림이 도움이 된다'라며 조용히 한마디 보태는 정도였을 뿐이다. 우노는 이 세미나를 언론이 취재하도록 하고 언론 보도를 통해 자연스럽게 BB크림을 노출하는 전략을 썼다.

세미나에서 출장 미용 강연을 하는 일은 예전에도 있었지만, 우노의 전략은 기존의 방법과 달랐다. 우노는 대상자들에게 '일과 개인 생활의 수준을 한 단계 올릴 수 있다'라는 혜택을 제시하고, 그 혜택을 누릴 방법으로 '화장'이라는 카드를 꺼내는 흐름을 만든 것이다.

우노가 이렇게 번거로운 방법을 선택한 이유는 직접적으로 '남성도 화장을 할 수 있다'라는 메시지만 전달하면 제품을 팔려는 수작으로 보여서 오히려 외면당할 수 있기 때문이었다. 소비자가 자연스럽게 받아들이려면 제삼자인 언론이 남성의 화장에 관해서 언급해야 한다고 판단했다.

그리고 2019년 가을부터 배우 쿠보타 마사타카窪田正孝를 모델로 세운 TV 광고를 중심으로 대중 매체를 활용해 화장이 주는 혜

クマ消し
速攻、肌悩みカバー。

男性用
BBクリーム

まゆキリッ
速攻、眉バランス補正。

男性用
アイブロウ

배우 쿠보타 마사타카를 모델로 세운 UNO 페이스 컬러 크리에이터의 광고

택을 적극적으로 홍보하기 시작했다. TV 광고는 중요한 미팅을 앞두고 밤을 새워 눈 밑에 진한 다크서클이 생긴 쿠보타가 간단한 화장으로 말끔하게 변신해서 해외 클라이언트를 상대로 계약을 따내는 모습을 그렸다.

말끔한 첫인상으로 업무 성과를 한 단계 끌어올렸다는 인식을 심어주자 대상인 2030 남성들을 중심으로 '프레젠테이션이나 미팅을 할 때 BB크림이 자신감을 올려준다'라는 인식이 퍼지기 시작했다.

그리고 우노가 의도한 마케팅 전략대로 남성들이 품고 있던 화장에 대한 인상이 변해갔다. 우노 담당 팀은 2019년 10월에 설문조사를 통해 BB크림을 바르거나 눈썹을 그려본 적이 없는 남성들에게 화장해볼 생각이 있는지를 물었다. 그 결과 26.2%가 '매우 그렇다', 25.3%가 '그렇다'라고 응답했다. '기회가 있으면 해보고 싶다(35.3%)'고 응답한 사람까지 포함하면 90%에 가까운 남성들이 화장을 해 보고 싶어했다. 이 결과만 보더라도 남성들이 가졌던 화장에 대한 거부감이 얼마나 줄었는지 알 수 있다.

이런 흐름에 힘입어 우노는 2020년 3월에 거친 피부나 여드름 자국을 가려주는 UNO 페이스 컬러 크리에이터(커버)와 눈썹 펜슬 UNO 밸런스 크리에이터를 이어서 출시했다. 이 제품들은 관련 잡지에서 자체적으로 선정하는 베스트 아이템에 여러 번 선정될 만큼 반응이 좋았다.

우노는 앞으로도 화장에 소극적인 남성 소비자의 심리적 장벽을 무너뜨리는 프로모션을 추진하는 동시에 남성용 BB크림이라는 상품 카테고리 자체의 인지도를 올려 '쉽고 빠르게 좋은 첫인상을 만들 수 있다'라는 퍼셉션을 확산시켜 나갈 계획이다.

'첫인상도 만들 수 있다'라는 퍼셉션을 형성해 히트 상품을 탄생시킨 우노는 지금까지 일본에 존재하지 않았던 남성용 화장품 시장과 남성용 BB크림이라는 카테고리까지 만들었다.

아직 세상에 존재하지 않는 퍼셉션을 형성하려면 시대의 흐름을 면밀하게 조사하고, 조사 결과를 정확히 읽을 수 있는 능력이 필요하다. 퍼셉션은 어디까지나 소비자가 하는 생각이다. 따라서 기업은 소비자가 무엇에 관심이 있는지를 철저하게 파악해야 한

1단계
퍼셉션
만들기

우노는 BB크림의 인기에 힘입어 2020년 3월에 거친 피부와 여드름 자국을 가려주는 UNO 페이스 컬러 크리에이터(커버)와 눈썹 펜슬 UNO 밸런스 크리에이터를 출시했다

다. 우노는 비즈니스 자리에서 좋은 첫인상을 줄 수 있는 쉽고 빠른 방법을 원하는 소비자의 속마음을 읽었다. 그 마음을 화장의 즉효성과 연결해 '첫인상도 만들 수 있다'라는 퍼셉션을 형성했다. 대기업 브랜드가 퍼셉션 형성으로 새로운 시장을 개척한 대표적인 성공 사례다.

우노의 퍼셉션은 퍼셉션을 형성하는 다섯 가지 요소 중 '문해력'의 차이로 형성되었다. 퍼셉션은 어디까지나 받아들이는 상대가 갖는 인식이다. 그리고 인식은 같은 현상을 보더라도 받아들이는 사람의 성장 환경과 문화적 배경, 경제적 수준에 따라서 달라진다. 자신이 가진 배경을 바탕으로 주어진 자료에서 필요한 정보를 끌어내 활용하는 능력이 **문해력**Literacy이다.

퍼셉션을 형성할 때는 받아들이는 사람의 문해력도 상당히 중요한 요소이며, 우노의 남성용 BB크림은 바로 이 '문해력의 차이'를 이용해 퍼셉션을 형성했다.

우노는 타깃 고객층 사이에 존재하는 문해력의 차이에 주목했다. 일본에는 존재하지 않았던 퍼셉션을 형성하기 위해 해외에서 통용되는 새로운 문해력을 도입했다.

우노는 먼저 '화장으로 쉽고 빠르게 좋은 인상을 만들 수 있다'라는 새로운 퍼셉션을 만들어서 커리어 향상이나 취업을 목표로 하는 사람들에게 제안했다. 그리고 다양한 프로모션을 통해 마케팅 전략을 펼쳐서 자사의 제품을 대박 상품으로 만들었다. 그 결과 제품 출시 7개월 후에 시행한 조사에서 화장에 대한 남성의 거부감이 크게 줄었다는 사실까지 확인할 수 있었다.

예전에는 화장을 '여성의 전유물이며 남성에게는 부끄러운 일'이라고 이해했던 남성들이 이제 화장을 '좋은 인상을 만들어 개인 생활과 일의 수준을 한 단계 올려주는 수단'으로 이해하기 시작했다. '화장'이라는 행위를 이해하는 대상층의 문해력에 변화가 생긴 것이다. 문해력이 변한 덕분에 첫인상도 쉽고 빠르게 만들 수 있다는 퍼셉션이 사람들의 머릿속에 자리 잡을 수 있었다.

명함을 자산으로 만든 산산

클라우드 명함 관리 서비스를 제공하는 산산Sansan은 "그걸 왜 이제 말해~"라는 TV 광고로 일본에서는 꽤 알려진 기업이다. 명함 관리 서비스 시장에서 무려 82.8%의 시장 점유율을 보유한 곳이기도 하다. 산산이 이만큼 성장할 수 있었던 배경에도 '명함은 기업의 자산이며 인맥은 공유할 수 있다'라는 퍼셉션이 있었다. 이번에는 산산이 어떻게 퍼셉션을 형성해 시장에서 독보적인 위치를 차지했는지를 분석해보자.

비즈니스 현장에서 상대에게 편하게 건네는 종이 명함에는 회사명, 직함, 이름, 메일주소를 비롯해 정확성 높은 다양한 정보가 담겨 있다. 비즈니스 현장에서는 이렇게 모은 명함이 곧 인맥이 된다.

이때까지 '인맥은 개인이 만드는 것'이라는 인식이 강했고, 얼마나 넓은 인맥을 가졌는지를 그 사람의 실력으로 간주하기도 했다. 하지만 산산은 '명함은 개인이 보관하는 것이 아니라 기업이 관리해야 하는 것'이라고 주장했다. 명함은 기업의 자산이며 자신과 동료의 인맥을 공유하면 기업의 가치를 더 높일 수 있다고 제안한 것이다.

"그걸 왜 이제 말해~"라는 TV 광고로 유명한 클라우드 명함 관리 서비스 기업 산산은 창업 당시부터 새로운 퍼셉션 형성을 목표로 마케팅 전략을 추진했다

　　이런 주장은 산산이 창업 당시부터 '명함은 기업의 자산이며, 인맥은 공유할 수 있다'라는 퍼셉션을 형성하려 했다는 사실을 보여준다. 명함의 공유를 인맥의 공유로 바꾸면 자연스럽게 명함을 디지털로 관리해야 한다는 답이 나올 것이라는 계산이었다. 그렇다면 산산은 이 퍼셉션을 어떻게 퍼트렸을까?

　　2007년에 법인을 대상으로 산산이 클라우드 명함 관리 서비스를 제공하며 사업을 시작했을 당시 직원이 고작 5명에 불과했다. 처음에는 창업자인 사장이 직접 명함 스캐너를 들고 하루에 8건씩 영업을 뛰었지만 고객들의 반응은 시큰둥했다고 한다.

'명함을 클라우드로 관리해야 합니다.'고 아무리 열심히 설명해도 "이미 명함집으로 관리하고 있어요."라든가, "명함을 클라우드로 관리해서 무엇에 쓰나요?"라는 반응이 대부분이었고, 필요성을 이해하는 사람이 거의 없었다. 한마디로 정리하면 고객들 사이에서는 '명함 관리는 안 그래도 귀찮은데 일을 더 만들고 싶지 않다'라는 생각이 지배적이었던 것이다. 그래서 산산의 대표는 영업 전략을 바꾸기로 했다.

산산은 영업 담당자가 자사의 서비스를 설명할 때 최대한 '명함'이라는 단어를 사용하지 않도록 했다. 대신 CRM(고객관계관리: Customer Relationship Management)이나 SFA(영업자동화시스템: Sales Force Automation)라는 표현을 사용했다. 예를 들면 '영업 및 고객 관리 클라우드 서비스'나 '명함 중심형 클라우드 CRM&SFA'와 같은 식이다. 산산은 반드시 전해야 할 자사 서비스의 주요 가치를 '명함 관리'가 아니라 '고객 정보와 영업 관리'로 설정했다. 쉽게 말해 종이 명함을 간편하게 정리할 수 있는 서비스가 아니라 명함의 정보를 회사의 자산(고객 정보)으로 바꾸는 서비스라는 개념을 전달하는 방향으로 설명했다.

이렇게 산산은 서비스 출시 초기부터 미래를 내다본 개념을 내세웠지만, 실제로 눈에 보이게 시장이 변하기 시작한 계기는 2012년 개인용 명함 관리 애플리케이션 Eight의 출시였다. 기존에는 법인용 서비스만 제공했고 회사를 상대로 계약했기 때문에 디지털 정보로 명함을 관리하는 방법을 체험할 수 있는 사람이 한정적이었다. 하지만 Eight의 출시로 일반인들도 명함 정보를 디지털로 관리할 수 있게 되었다.

Eight의 이용자 수는 2019년 8월 시점에서 250만 명을 넘었고, 산산은 비즈니스 업계에 디지털을 이용한 명함 관리와 인맥 활용법을 보급하는 일에 공헌했다. 산산은 여기서 멈추지 않았다. 서비스 보급을 위해 파견형 명함 스캔 대행 서비스 업체인 스캔맨Scanman과 제휴를 맺어 명함 스캔 서비스를 제공했고, 프랜차이즈 카페 르누아르Renoir에 스캐너를 설치해 손님들이 디지털 정보로 명함을 관리하는 체험을 할 수 있도록 했다.

이와 같은 산산의 독특한 마케팅 전략에 일본 방송국 TV도쿄의 경제 프로그램 〈World Business Satellite〉를 비롯한 여러 언론이 주목했고, 언론 노출은 디지털을 활용한 명함 관리의 인지도 향상으로 이어졌다.

여기에 더해 컨설팅 기업인 시드플래닝Seed Planning이 2012년부터 법인용 클라우드 명함 관리 서비스와 관련한 시장조사를 시작하면서 시장 점유율을 산출하게 된 일도 서비스 정착에 큰 도움이 됐다. 참고로 산산은 7년 연속 시장 점유율 1위를 기록하고 있으며 2019년 실적 기준으로 점유율이 82.8%에 달한다.

산산이 2012년에 공개한 개인용 명함 관리 애플리케이션 Eight

　Eight의 출시로 디지털을 이용한 명함 관리가 어느 정도 보급되자 산산은 다음 단계로 광고와 선전에 힘을 쏟기 시작했고, 2013년에 "그걸 왜 이제 말해~"라는 인상적인 대사가 기억에 남는 TV 광고 시리즈 제1탄을 내보냈다. 비즈니스인들의 마음을 제대로 저격한 이 광고 문구는 실제 경험에서 우러나온 아이디어였다. 창업자가 과거 미쓰이 물산에 재직할 당시 겨우 미팅 약속을 잡아 상대를 만나러 가보니 이미 예전에 선배가 명함을 받은 사람이었다는 일화를 바탕으로 만들었기 때문이다.

　산산의 창업 스토리이기도 한 이 TV 광고로 산산과 클라우드 명함 관리 서비스의 인지도는 단숨에 상승했고, 그때까지 산산의 서비스를 알지 못했던 사람들도 광고 문구와 함께 "아! TV에서 광고하는 그 명함 서비스"라고 떠올리게 되었다.

　나는 산산의 TV 광고가 인지도 향상뿐만 아니라 퍼셉션 형성에도 영향을 미쳤다고 생각한다. 광고는 인지도를 올리는 가장 효과적인 방법이다. 그런데 사실 그뿐만이 아니다. 퍼셉션을 형성하거나 바꿀 때도 광고는 매우 효과적인 수단이다. 산산의 광고가 비즈니스인들이 자주 겪는 일로 공감을 일으켰다는 사실은 두말할 필요도 없지만, 사실 뒤집어 생각해보면 이 광고는 인맥을 공유하지 않았을 때 생길 수 있는 리스크와 기회 상실 가능성을 명백하게 보여주고 있다. 한마디로 산산이 형성하고자 했던 '명함은 기업의 자산이며 인맥은 공유할 수 있다'라는 퍼셉션이 '그걸 왜 이제 말해~'라는 문구에 집약되어 있다.

인지와 인식을 동시에

　산산은 TV 광고를 내보낸 후에도 계속해서 인지도 향상과 퍼셉션 확산을 위한 전략을 펼쳤다. 2016년에는 〈Eight: Business Cards〉라는 제목의 콘셉트 영상을 제작해 유튜브에 공개했다. 종이 명함에서 벗어나 애플리케이션을 통해 명함을 교환하는 차세

종이 명함에서 벗어나 디지털 명함을 사용하는 시대가 도래했음을
보여준 콘셉트 영상 〈Eight: Business Cards〉가 화제를 모았다

대 명함 교환 방식을 알리는 내용이었다. 일본 국내외에서 화제를
모은 이 영상은 2017년에 칸 라이온스 필름 부문에서 브론즈라
이온을 수상하기도 했다.

또한 2016년부터 실제 기업이 도입한 성과도 잇따라 발표했
다. 2016년에만 무려 32개의 도입 사례를 공개했는데, 기업들은
아무리 인지도가 높아도 실제 사례가 없으면 섣불리 도입하지 않
기 때문이다. 따라서 산산은 실제 성과를 강조하며 클라우드 명함
관리 서비스를 정착시켜 나갔다. 언뜻 화려한 전략만 추진해온 것
처럼 보일 수 있지만 그 뒤에는 이렇게 꾸준한 PR 전략이 있었다.

2017년 초에는 당시 일본에서 가장 뜨거운 화제였던 근무방식 개혁에 관한 조사 결과를 바탕으로 IT 도입이 근무방식 개혁을 뒷받침한다는 근거를 제시하며 기자회견도 열었다. 경제산업성 담당자를 단상에 세워 언론이 주목하게 만드는 동시에 기업이 클라우드 명함 관리 서비스를 도입해야 하는 이유까지 제시한 것이다.

산산은 이 밖에도 책에서 모두 언급할 수 없을 만큼 많은 전략을 계속해서 추진했고 지금도 인지도 향상을 위해 노력하고 있다. 새로운 제품과 서비스를 세상에 퍼트리려면 인지도를 높이는 동시에 서비스의 가치도 알려야 한다. 산산은 이 두 가지를 훌륭히 해내고 있다.

산산이 2019년 4월 3일부터 16일까지 인터넷을 통해 실시한 인지도 조사 결과에 따르면 산산의 서비스는 고객 정보 관리 시스템 부분에서 5위, 법인용 명함 관리 시스템 부분에서는 1위를 차지했다. 또한 비즈니스인의 52.9%가 산산의 서비스를 '명함을 스캔해서 데이터로 만들어 직원들끼리 공유할 수 있는 서비스'로 인식하고 있었다.

산산은 지금까지 개인이 소유하던 명함과 인맥을 디지털을 활용해 회사가 관리하는 자산으로 바꾸었다. '명함은 기업의 자산이며 인맥은 공유할 수 있다'라는 퍼셉션을 형성한 것이다. 퍼셉션은 산산의 서비스를 사용하게 하는 동기가 되었고 회사의 비약적인 발전으로 이어졌다. 산산의 사례는 고유의 퍼셉션을 형성하면 지금까지 세상에 존재하지 않았던 서비스를 단번에 우리의 생활 속에 침투시킬 수 있다는 사실을 보여준다.

대립하면 선명해진다

세상 모든 일은 항상 상대평가되기 마련이다. 택시 앱 우버가 등장하자 각국에 '기존 택시는 불편하다'고 생각하는 퍼셉션이 생겨났다. 이미 말했듯이 모든 평가는 상대적이므로 **대립**Contrast하는 대상의 등장이 새로운 퍼셉션을 형성한 것이다.

하지만 우버와 달리 산산의 경우는 대립하는 대상이 오히려 유리하게 작용했다. '명함은 기업의 자산이며 인맥은 공유할 수 있다'라는 새로운 퍼셉션을 형성하고자 했던 산산은 단순히 종이 명함을 클라우드로 관리하는 기능만으로는 서비스의 가치를 보여주기 어렵다고 판단했다. 그래서 지금까지 개인이 관리해 왔던 종이 명함이라는 아날로그적 영업 도구가 디지털 기술을 활용하면 기업의 자산이 될 수 있다는 점을 적극적으로 홍보했다.

종이 명함은 19세기 후반부터 쓰였고, 이른바 일본이 전략적으로 외교 정책을 펼치던 로쿠메이칸 시대*에는 사교 모임의 필수 아이템이었다고 한다. 오랜 역사와 전통을 가진 문화인 만큼 '디지털 기술을 활용하면 기업의 자산이 되고 인맥을 공유할 수 있다'라는 새로운 퍼셉션과 더 큰 대조를 이루었고, 대립 대상이 강력했던 만큼 새로운 서비스의 편리함을 돋보였다.

도장도 명함과 마찬가지로 오래된 비즈니스 도구 중 하나다. 최근 원격근무를 방해하는 요인으로 거론되는 도장이 과연 디지털 서명으로 대체될까? 강력하게 대립하는 대상이 있다는 사실은 어떤 의미에서 완전히 새로운 퍼셉션을 만들 기회라고도 볼 수 있다.

그리고 마지막으로 지금까지 설명한 방법이나 기술적 요소 외에 세상에 없던 새로운 퍼셉션을 형성할 때 필요한 중요한 요소가 한 가지 더 있다.

퍼셉션을 형성하는 주체자의 강한 신념과 비전이다. 자신의 비전을 믿고 첫걸음을 뗄 수 있는지, 그리고 절대 흔들리지 않을 수 있는지가 무엇보다 중요하다.

3장에서 다룬 스타트업 아타마플러스와 산산의 창업가는 강한 신념과 비전을 품고 굳건하게 행동해갔다. 창업가에게는 당연한 자세라고 생각할 수도 있지만, 생각보다 처음 품었던 신념을 지키

---

* 로쿠메이칸鹿鳴館은 일본 메이지 시대에 외빈을 접대하기 위해 도쿄에 세운 사교장으로 일본의 유럽화 정책을 상징한다. - 역자 주

지 못하는 창업가도 많다. 하지만 신념이 흔들리면 결코 새로운 퍼셉션은 형성할 수 없다. 스스로 만들고자 했던 퍼셉션을 끝까지 믿고 지키는 마음가짐이 무엇보다 중요하다.

새로운 퍼셉션을 형성하는 일은 새로운 시장을 개척하는 일이다. 시장 참가자나 점유율과 같은 경쟁 상황을 분석하거나 철저한 소비자 조사를 통해서도 새로운 시장을 만들 수 있지만, 퍼셉션도 새로운 시장을 개척하는 여러 가지 방법의 하나다. '새 퍼셉션을 만들 여지가 있는 곳이 어디일까?' 하는 질문에서 시작해 생각을 펼치다 보면 새로운 시장과 비즈니스를 창출할 기회가 열릴 것이다.

1단계
퍼셉션
만들기

PERCEPTION

퍼셉션 바꾸기

인식을 바꿔 고객층을 넓혀라

MARKETING

상품과 서비스에 대해 이미 형성된 퍼셉션이 상황 변화나 의도의 영향을 받아서 변하는 것을 **퍼셉션 체인지(인식 변화)**라고 한다.

퍼셉션은 사회가 처한 상황과 밀접하게 관련되어 있다. 따라서 브랜드와 상품의 퍼셉션을 원하는 방향으로 바꾸고 싶다면 세상이 어떻게 변해가는지를 멀리 내다보고 중장기적인 시점에서 프로젝트를 계획하고 추진해야 한다. 예컨대 코로나19 사태로 벌어진 다양한 퍼셉션 체인지는 누군가가 의도적으로 바꿨다기보다는 피할 도리가 없는 사회적 상황의 변화가 불러온 특별한 사례로 봐야 한다.

최근 본 퍼셉션의 변화 중에 가장 흥미로웠던 사례를 꼽자면 실내형 테마파크 산리오 퓨로랜드Sanrio Puroland(이하 퓨로랜드)가 있다.

퓨로랜드는 헬로키티 캐릭터로 유명한 일본의 산리오가 1990년에 도쿄도 다마시에 개장한 실내 테마파크다. 30년이 넘는 긴 역사를 가진 테마파크인 만큼 일본 사람이라면 대부분 한 번쯤은 가본 기억이 있는 곳이다.

그런데 퓨로랜드에 가본 적이 있는 사람에게 '퓨로랜드를 한마디로 정의하면 무엇인가?'라고 물으면 어떤 대답이 돌아올까? 아마도 대부분이 이렇게 대답할 것이다.

"디즈니랜드 같은 테마파크요."

맞는 말이다. 산리오도 퓨로랜드를 '실내 테마파크'라고 정의했고, 최근 10년 안에 가본 적이 없는 사람이라면 분명 퓨로랜드를 테마파크라고 생각할 것이다.

나 역시 오랫동안 같은 퍼셉션을 가지고 있었다. 하지만 얼마 전에 우연히 퓨로랜드에 들렀다가 최근의 모습을 보고 깜짝 놀랐다. 눈앞에 있는 퓨로랜드를 보고 처음 떠오른 생각은 테마파크가 아니라 '극장'이었다.

요즘 퓨로랜드에서 고객들의 마음을 사로잡는 주역은 공원 내 크고 작은 극장에서 펼쳐지는 엔터테인먼트 쇼다. 산리오의 캐릭터들과 함께 2D 캐릭터를 실사화한 이른바 2.5차원의 남성 배우들이 큰 인기를 끌며 고정 팬까지 생겼다. 원래 퓨로랜드는 개장 초기부터 놀이기구가 중심인 테마파크가 아니기는 했지만, 최근 들어 쇼의 인기가 날로 더 높아지고 있다. 거의 20년 만에 달라진 퓨로랜드의 모습을 보고 나의 퍼셉션은 순식간에 새로 형성됐다.

현재 퓨로랜드를 찾는 팬들에게 퓨로랜드의 퍼셉션은 대부분 '극장'일 것이다. 그렇다면 이제 퓨로랜드의 비교 대상은 더 이상 디즈니랜드가 아니라 다카라즈카 가극단宝塚歌劇団(일본의 여성 가극 단-역자 주)이고, 퍼셉션 체인지로 경쟁자가 바뀌었으니 지금까지 와는 전혀 다른 마케팅 전략이 필요해진다.

그래서 산리오도 고객층의 변화를 반영해 극장이라는 관점으로 마케팅 전략을 수정해 좋은 실적을 거두었다. 이미 세상에 퍼져 있는 퍼셉션과 현재의 퍼셉션의 차이를 메우는 노력이 또 다른 가능성을 찾아주었는지도 모른다.

퓨로랜드의 운영사인 산리오 엔터테인먼트의 고마키 아야小巻亜矢 사장은 그녀의 저서《산리오 퓨로랜드의 인재 개발サンリオピューロランドの人づくり》에 이런 말을 남겼다. "퓨로랜드는 애들이나 가는 곳이라고 생각했던 사람들이 와서 보고 의외의 모습에 놀랄수록 전략은 성공입니다. 임팩트가 클수록 젊은 사람들의 흥미와 관심을 유도할 수 있거든요."

쉽게 말해 '반전 매력'이다. 상상했던 모습과 실제가 다르다. 그것도 심지어 전혀 예상하지 못한 모습이다. 이런 반전 매력은 입소문을 만드는 계기가 된다. 애당초 어느 정도 인지도가 없으면 퍼셉션의 차이Gap가 생기지 않으니 보통 이런 현상은 이미 유명한 상품이나 서비스에서 일어난다. 그래서 퍼셉션의 차이를 이용한 마케팅 전략은 주로 세상에 널리 알려진 인지도가 높은 상품에서 성공한다.

대표적인 사례가 1장에서 잠시 언급했던 모리나가 제과의 라무네 사탕이다. 모리나가 제과의 라무네 사탕은 이미 45년의 역사를 가진 스테디셀러 제품이었지만 퍼셉션의 차이가 불러온 효과 덕분에 뒤늦게 대박 상품이 되었다.

라무네 사탕의 인기는 5년 전쯤 SNS를 중심으로 '모리나가 라무네가 숙취 해소에 좋다'라는 입소문이 퍼지면서 시작되었다. 이

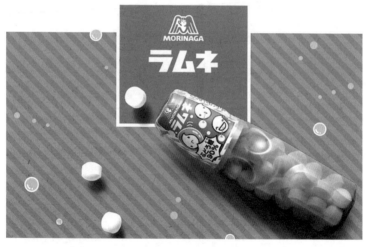

모리나가 제과의 스테디셀러 제품인 라무네 사탕은 브랜드에 대한 퍼셉션의 차이가 불러온 효과 덕분에 대박 상품이 되었다

소문에 언론이 관심을 보였고, 한 의사가 자신의 블로그에 '포도당 함유율이 90%인 라무네 사탕이 숙취 해소 효과가 있다'라며 추천하는 글을 올리자 라무네의 새로운 효과가 세상에 알려지기 시작했다.

성인용 라무네 사탕이 실패한 이유는?

2단계
퍼셉션
바꾸기

SNS를 중심으로 번진 입소문에 힘입어 성인들이 라무네를 구매하기 시작하자 모리나가 제과는 2015년에 성인을 타깃으로 강황 추출물을 넣은 '라무네 치카라 사탕'을 출시했다. 제조업체로서는 물 들어올 때 노 젓자는 식의 당연한 판단이었다. 하지만 재밌게도 치카라 사탕의 판매 실적은 저조했다.

어째서일까? 당시 모리나가 라무네의 브랜드 인지도는 85%에 달했고, 사람들이 인지하는 요소에는 파란색 통에 빨간색 로고가 새겨진 시각적 이미지Visual Image도 포함되어 있었다. 또한 입소문이 폭발적으로 퍼져나간 가장 큰 이유는 높은 인지도를 가진 상품의 퍼셉션과 새로 퍼진 소문의 차이가 컸기 때문이었다. '아이들이나 먹는 과자'라고 생각했던 라무네 사탕이 '숙취 해소에 좋다'라는 의외의 퍼셉션이 형성되자 그 반전 매력이 입소문을 유발한 것이다.

하지만 포장에 강황을 상징하는 노란색을 적용한 '라무네 치카라'를 보고 오리지널 모리나가 라무네를 떠올리는 사람은 없었다. 따라서 라무네 치카라는 퍼셉션의 차이가 만든 혜택을 누릴 수 없었다.

여성을 타깃으로 2017년에 출시한 '스파클링 라무네'도 마찬가지다. 귤이나 딸기와 같은 과일 이미지를 적용한 포장 때문에 역시나 판매가 부진했다. 성인을 대상으로 한 제품이라는 사실을 지나치게 의식한 노력이 오히려 역효과를 불러서 퍼셉션의 차이를 생성하지 못했다.

이 사실을 깨달은 모리나가 제과는 2018년 3월에 오리지널 라무네와 똑같은 디자인으로 크기만 키운 '큰알 라무네'를 출시했고 결과는 성공적이었다. 오리지널 라무네의 인기가 여전한 가운데 신제품 큰알 라무네의 판매도 순조로워 모리나가 제과의 매출은 4년 만에 두 배로 늘었다.

사람들은 다양한 이유로 정보를 공유하기도 하고, 공유하지 않기도 한다. 미국 펜실베이니아대학교 와튼스쿨의 조나 버거Jonah Berger 교수가 사람이 정보를 공유하는 이유를 여섯 가지로 정리했다. '**소셜 화폐** Social Currency, **계기**Trigger, **감성**Emotion, **대중성** Public,

미국 펜실베이니아대학교 와튼스쿨의 마케팅 전공 조나 버거 교수는 사람이 입소문을 만드는 이유로 여섯 가지 요인을 꼽았다

실용적 가치 Practical Value, **이야기성**Story'이다.

　홍보를 목적으로 입소문을 만들 때는 첫 번째 요소인 **소셜 화폐**가 가장 중요하다. 소셜 화폐는 내가 다른 사람의 눈에 어떻게 보이고 싶은지를 생각하게 하는 동기다. 쉽게 말해 내가 하는 이야기가 '나를 돋보이게 하는 이야기인가 아닌가'이다. 다양한 정보가 넘쳐나는 요즘은 내가 한 이야기가 중요한 정보인지 잡지식인지에 따라 인상이 결정되기 때문이다.

　그런 의미에서 '누구나 다 아는 상품에 사실 이런 의외의 면이 있다'라는 이야기는 훌륭한 소셜 화폐가 된다. 아무도 모르는 사람의 소문에는 다들 관심이 없지만, 누구나 아는 사람의 '의외의 모습'은 한 번쯤 들여다보고 싶은 것이 인간의 심리다. 따라서 퍼셉션의 차이는 이미 그 자체로 공유성이 높은 정보Shareable Contents다.

역사가 오래된 브랜드일수록 마케팅하기는 쉽지 않다. 40~50년간 유지해 온 브랜드는 인지도가 이미 100%에 가까울 때도 있다. 이런 상품은 존재 자체를 알릴 필요는 없으므로 인지도 향상을 목적으로 한 TV 광고에 힘을 쏟을 이유가 없다.

또한 이미 생활필수품으로 자리 잡은 경우가 많아서 기능을 내세워 차별화하기도 힘들다. 따라서 오래된 브랜드는 퍼셉션의 가능성에 주목해야 한다. 제조업에 뛰어난 일본에는 오랜 시간 사랑받아온 스테디셀러 브랜드가 많다. 분명 어딘가에 제2의 모리나가 라무네가 숨어 있을 것이다.

진토닉과 카레는 찰떡궁합?

2019년 10월 3일에 일본에서는 '진토닉Gin and tonic과 카레가 레드와인과 스테이크보다 궁합이 더 잘 맞는다'는 내용의 보도자료가 발표되었다. 주로 선술집이나 바에서 마시는 칵테일인 진토닉과 카레라는 규격 외 조합을 제안한 회사는 양주업체 바카디 재팬(이하 바카디)이었다. 진Gin과 럼Rum 외에도 위스키와 코냑 같은 스피릿Spirit(증류주의 일종-역자 주)을 판매하는 바카디는 이날 과학적인 근거를 바탕으로 이 조합을 제안했다.

공식 발표 후에 SNS에는 '시도해 본 적은 없지만 궁금하다', '의외의 재미를 찾는 연구에 진심인 회사네'와 같은 의견들이 쇄도하며 큰 반향을 일으켰다. 이 역시 퍼셉션의 차이를 이용해 퍼셉션 체인지를 일으킨 바람직한 성공 사례라 할 수 있다.

2단계
퍼셉션
바꾸기

언뜻 이는 인터넷을 이용해 입소문을 퍼트리려는 단기적인 전략으로도 보일 수도 있다. 하지만 사실 이 발표에는 중장기적으로 진이라는 주류 카테고리의 퍼셉션을 바꾸기 위한 노림수가 숨어 있었다. 바카디의 프리미엄 진 '봄베이 사파이어'만이 아니라 진이라는 카테고리 전체에 대한 퍼셉션을 바꿔 시장을 확대하고 판매를 촉진할 생각이었다.

먼저 일본 스피릿 시장의 규모부터 살펴보자. 기본적으로 한 상자에 9ℓ가 들어간다는 주류 업계의 기준으로 계산하면 일본 스피릿 시장의 규모는 연간 약 1억 상자에 달한다. 세부적으로 나누어 보면 그중 8,000만 상자가 진을 비롯한 화이트 스피릿이고 나머지 2,000만 상자가 위스키다.

여기서 화이트 스피릿 시장을 더 자세히 들여다보면 대부분은 일본 소주가 차지하고 있으며, 바카디가 판매하는 양주는 고작 150만 상자에 정도에 불과하다. 심지어 그중 진이 차지하는 비율은 3분의 1로 약 50~60만 상자에 그친다. 정리하면 진의 시장 규모는 전체 스피릿 연간 판매량 1억 상자 중에서 고작 50만 상자로, 비율로는 0.5%밖에 안 될 정도로 미미한 것이다. 게다가 바카디의 봄베이 사파이어는 진으로만 한정했을 때도 일본 국내시장 점유율에서 2위다.

하지만 바카디의 목표는 고작 0.5%밖에 안 되는 좁은 시장에서 경쟁사를 앞지르는 것이 아니었다. 더 많은 소비자에게 진을 마시게 해서 시장을 확대해갈 계획이었다.

사실 진은 알코올 도수가 37도 이상인 독한 술이라 그대로 마시기는 어렵다. 그래서 누구나 가볍게 진을 마실 수 있는 방법을 찾던 바카디는 칵테일 인기 순위 3위 안에 들어갈 만큼 인지도가 높은 진토닉에 주목했다. 진토닉은 카시스 오렌지와 하이볼에 이어 일본인에게 가장 익숙한 칵테일이다. 바카디는 진토닉에 승부를 걸어보기로 했다. 이때 바카디가 선택한 전략이 '음식 궁합'이었다.

일반적으로 술 이야기를 할 때 빠지지 않는 소재가 '치킨에는 맥주, 스테이크에는 레드와인'처럼 궁합이 맞는 음식이다. 항상 같이 먹다 보면 자연스럽게 정착해 하나의 새로운 세트 메뉴가 되기도 한다.

대표적인 예로 하이볼이 있다. 하이볼은 원래 바에서 마시는 칵테일이었지만, 요즘 하이볼을 칵테일로 생각하고 마시는 사람은 그리 많지 않다. 하이볼의 퍼셉션이 바에서 마시는 칵테일에서 선술집의 주메뉴로 바뀐 이유가 바로 '음식 궁합' 덕분이다. 산토리 홀딩스는 수많은 광고와 홍보 캠페인을 통해 자사의 위스키 '카쿠빈'으로 만든 하이볼과 선술집의 대표 안주인 타코야키나 가라아게의 조합을 적극적으로 어필했다.

그렇게 새로운 세트 메뉴가 탄생하자 시장이 순식간에 커졌다. 산토리의 전략을 눈여겨본 바카디는 진토닉과 궁합이 잘 맞는 음식을 찾아 세트로 홍보하기로 했다. 2015년부터 3년간 바카디에서 진 브랜드를 담당해온 시마다 히데아키島田英明 마케팅 매니저와 2018년부터 담당이 된 쾰른 아즈사ヶルン梓 씨가 이 프로젝트에 뛰어들었다. 두 사람은 AI 미각 센서 '레오'를 개발한 스타트업 AISSY의 스즈키 류이치鈴木隆一 사장과 협력해 진토닉과 궁합이 맞는 음식 연구를 시작했다.

연구는 진 자체의 구성을 하나하나 자세히 분석하는 일부터 시작했다. 현재 시중에서 파는 진은 대부분 밀로 만들어져 있다. 여기에 진의 특성을 살릴 식물 추출물(허브, 향신료, 열매껍질 등의 한

약재)을 더한다. 예를 들어 봄베이 사파이어에는 고수풀과 레몬을 비롯해 약 10여 종의 허브와 향신료가 들어간다. 음식 궁합을 찾을 때는 우선 이 재료들부터 따져봐야 한다.

그다음은 진토닉의 맛이다. 2016년 8월 잡지 〈와이어드〉의 일본판에 AI 미각 센서 '레오'가 진토닉의 맛을 분석한 내용의 홍보 기사가 실렸다.

레오는 식품이 가진 맛의 구성을 분석한다. 맛은 신맛, 단맛, 쓴맛, 감칠맛, 짠맛의 다섯 가지 요소로 구성되며 이를 미각의 기본인 '오미五味'라고 한다. 레오는 이 다섯 가지 맛을 분석해 각각 5단계로 수준을 평가한다. 5가 가장 맛이 강하며 0은 아무 맛도 나지 않는 수준, 3~4가 가장 맛있다고 느끼는 단계다. 분석 결과 진토닉을 구성하는 신맛, 단맛, 쓴맛을 꼭짓점으로 그래프를 그리면 각 항목이 평균 3단계의 수준을 보이는 삼각형이 그려졌다.

이 결과를 분석해 찾아낸 음식이 바로 카레다. 카레의 맛은 감칠맛과 짠맛으로 구성된다. 카레의 맛을 진토닉의 신맛, 단맛, 쓴맛과 합치면 완벽한 오각형이 만들어진다. 여기에 진에 첨가한 향신료와 허브가 맛의 깊이까지 더해준다. 진토닉과 카레는 맛 부분에서 상호보완적 관계이면서 향신료가 시너지 효과까지 내는 최고의 궁합을 자랑하는 조합이었다.

과학적인 근거를 바탕으로 카레를 찾아낸 바카디는 2019년 가

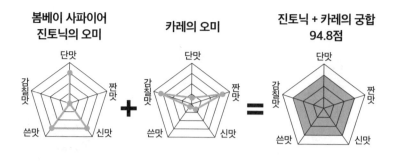

봄베이 사파이어
진토닉의 오미

카레의 오미

진토닉 + 카레의 궁합
94.8점

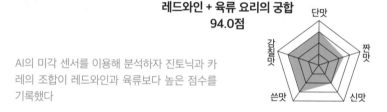

레드와인 + 육류 요리의 궁합
94.0점

AI의 미각 센서를 이용해 분석하자 진토닉과 카
레의 조합이 레드와인과 육류보다 높은 점수를
기록했다

을부터 진토닉과 카레를 세트로 묶어서 사람들에게 더 친근하게
다가가기 위한 마케팅 전략을 펼치기 시작했다. 앞에서 소개한 보
도자료가 그 시작이었다.

2019년 10월 10일부터 22일까지 도쿄 시모키타자와 지역에
서 열린 페스티벌에 참여한 142개 점포 중 20개 점포와 함께 방
문객에게 카레와 함께 봄베이 사파이어로 만든 진토닉을 제공했
다. 당시 시마다 매니저와 퀼른 씨도 현장에 나가서 진토닉을 만
드는 방법을 설명하며 카레 업계의 의식 계몽을 위해 노력했다.
페스티벌 기간에 총 1,000잔의 진토닉을 방문객에게 제공했는데,

바카디는 시모키타자와 카레 페스티벌에서 관람객에게 봄베이 사파이어로 만든 진토닉과 카레를 제공하며 퍼셉션 체인지를 시도했다

각 점포당 평균 50명의 방문객이 진토닉을 마신 셈이다. 바카디는 이 페스티벌을 계기로 사람들의 머릿속에 '진토닉은 카레와 함께 즐기는 음료'라는 인식을 어느 정도 심어줄 수 있었다.

시마다 씨의 말에 따르면 진토닉에 초점을 맞춘 전략 덕분에 봄베이 사파이어의 출하량이 2015년부터 5년간 1.7배 증가해 6만 상자까지 늘었다고 한다. 카레와의 조합을 통해 새롭게 즐기는 방법을 제안하자 진 시장 자체가 서서히 커지기 시작한 것이다.

공식 보도와 카레 페스티벌로 효과를 본 바카디는 앞으로도 카레를 중심으로 홍보를 진행할 예정이다. 체험 이벤트나 인터넷을 이용한 홍보도 계획 중이다. 진토닉과 궁합이 잘 맞는 음식으로 카레를 선택한 순간 자연스럽게 카레 가게가 새로운 마케팅 파트너로 떠오른 것도 주목할 만하다. 앞으로 카레 업계와의 파트너십을 어떻게 확대해 나갈지도 기대되는 부분이다.

바카디의 사례는 퍼셉션을 형성하는 다섯 가지 요소 중 **현상**과 **집단**으로 설명할 수 있다.

만약 바카디가 '진토닉과 카레'의 조합을 열심히 광고하기만 했다면 퍼셉션을 바꾸기 어려웠을 것이다. 모든 퍼셉션에는 인식을 뒷받침할 근거가 될 현상이나 사실이 필요하다. 진토닉의 퍼셉션 체인지는 미각 센서 기술을 활용해서 '진과 카레가 잘 어울린다'라는 구체적인 현상을 만들었기에 가능했던 것이다.

또한 실제 실험을 통해 찾아낸 결과이기는 했지만, 카레라는 강력한 카테고리와 한 집단으로 묶은 것도 효과적인 전략이었다. 앞서 사람은 대상이 주어지면 가능한 한 빨리 효율적으로 이해하려고 한다고 설명했다. 이때 집단을 나누는 작업이 도움이 되고 이왕이면 기존에 존재하던 집단에 집어넣을 수 있을 때 더 빠르게 이해할 수 있다. 일본에는 카레를 좋아하는 사람이 많다. 진과 카레를 세트로 인식하도록 만든 전략은 탁월한 선택이었다.

퍼셉션 체인지의 5가지 포인트

이번에는 퍼셉션 체인지 전략에서 고려해야 할 중요 포인트 다섯 가지를 사례와 함께 살펴보자.

- Before & After
- 주관과 객관
- 카테고리와 상품
- 완전 변화와 확대
- 브랜드 자산 Brand Equity

우선 **Before & After**에 대해서 생각해보자. 퍼셉션 체인지에는 당연히 전과 후가 존재한다. 당신이 현재의 퍼셉션을 바꾸고 싶다면 우선 대상 상품이나 브랜드가 가진 퍼셉션을 최대한 명확하게 언어로 정의해야 한다. 또한 퍼셉션을 어떻게 바꿀 것인지를 생각해 목표하는 변화 후의 모습도 명확하게 정의해두어야 프로젝트를 성공적으로 이끌 수 있다.

하지만 나 역시 퍼셉션 체인지가 필요하다고 느끼면서도 프로젝트 추진 중에 전후의 퍼셉션을 명확하게 정의하지 않았던 적이 많았다. 그런 점에서 앞에서 언급했던 중고 거래 플랫폼 메루카리의 선택은 훌륭했다. 메루카리는 퍼셉션 체인지를 추진하기 전에 먼저 그림과 같이 퍼셉션의 전후를 정의했다. 메루카리처럼 Before & After를 명확한 언어로 정의하는 것이 퍼셉션 체인지의 첫 번째 중요 포인트다.

다만 퍼셉션의 전후 모습을 언어로 명확하게 정의할 때는 두 번째 중요 포인트인 **주관과 객관**도 반드시 고려해야 한다. 홍보에 서툰 일본 기업들은 퍼셉션 체인지가 필요하다고 생각하면서도 정작 스스로를 객관적으로 보지 못하는 경우가 많다.

또한 자주 퍼셉션 체인지를 이미지 체인지로 오해하기도 한다. 그래서 기업 측에 퍼셉션 체인지의 목적을 물으면 '더 멋지게 보이고 싶다', '더 따뜻한 이미지였으면 좋겠다'라는 대답이 돌아올 때가 있다. 대답 자체는 틀리지 않았지만 이는 지나치게 주관에 치우쳐 퍼셉션의 본질을 이해하지 못한 표현이다.

원래 퍼셉션은 상대나 주변 사람들이 당신을 어떻게 보는지에 관한 객관적이고 구체적인 인식이다. 따라서 앞에서 설명한 대로 Before, 즉 현재 다른 사람의 눈에 자신이 어떻게 보이는지를 먼저 인식하고, 그 후에 '이렇게 보이고 싶다'라는 객관적인 퍼셉션을 설정해야 한다.

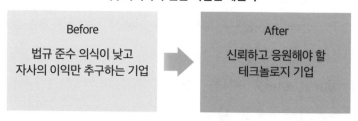

메루카리가 추진한 퍼셉션 체인지

Before	After
법규 준수 의식이 낮고 자사의 이익만 추구하는 기업	신뢰하고 응원해야 할 테크놀로지 기업

중고 거래 플랫폼 메루카리는 자사의 플랫폼이 불법적인 상품 거래의 수단으로 이용 된다는 부정적 위험요인이 드러나면서 원치 않았던 퍼셉션을 얻었다. 메루카리는 부 정적인 퍼셉션을 바꾸기 위해 자신들이 지향하는 이상적인 퍼셉션을 명확하게 정의 했다

스포츠인 대신 여성을 공략한 고프로

이어서 세 번째 중요 포인트인 **카테고리와 상품**에 관해서 생각 해보자. 퍼셉션 체인지를 통해 더 큰 마케팅 효과가 예상되는 대 상을 명확하게 정하는 일과 관련된 부분이다. 이와 관련해서 제품 의 퍼셉션 체인지에 성공한 액션 카메라 고프로GoPro의 사례를 살 펴보자. 고프로는 제품 자체의 퍼셉션을 '익스트림 스포츠용 카메 라'에서 '인스타용 사진이나 영상을 찍는 카메라'로 바꿔 고객층 을 넓히는 데 성공했다.

고프로의 창업자이자 CEO인 닉 우드맨Nick Woodman은 호주 여행 중에 기존의 카메라로는 자신이 서핑하는 사진을 제대로 찍을 수 없었던 경험에서 액션 카메라 개발의 힌트를 얻었다. 그렇게 개발된 카메라인 만큼 고프로의 카메라는 미국에서 서핑이나 오토바이와 같은 익스트림 스포츠 선수들 사이에서 인기를 끌기 시작했고, '익스트림 스포츠에는 고프로'라는 퍼셉션이 형성되면서 매출은 순조롭게 증가했다.

하지만 2010년 본격적으로 일본에 진출한 고프로는 한 가지 문제에 봉착했다. 일본은 익스트림 스포츠 경기인구가 미국의 10분의 1수준에 불과했던 것이다. 미국과 같은 퍼셉션으로 일본 소비자를 공략하기에는 시장 자체가 너무 좁았다.

이에 고프로는 2016년부터 퍼셉션 체인지를 위한 전략적 홍보 활동에 힘을 쏟기 시작했다. 타깃 대상은 젊은 여성이었다. 당시 일본 여성들 사이에 여행 열풍이 한창이었다. 친한 친구들끼리 즐기는 여행 활동에는 추억을 남길 셀카가 빠질 수 없는 법이다. 고프로가 자랑하는 광각렌즈라면 많은 인원도 한 장에 다 담을 수 있어서 SNS에 올릴 사진을 찍기에도 안성맞춤이다. 게다가 타깃 대상이 여성 전체가 되면 시장도 확대할 수 있었다.

고프로는 '익스트림 스포츠에는 고프로'라는 자사 제품의 퍼셉션을 일본에서는 '여성에게는 고프로'라는 퍼셉션으로 바꾸기로

'고프로녀'로 유명한 삐짱(@smile_pii)은 SNS에 올린 사진이 화제가 되어 고프로 패밀리의 멤버로 선정되었다.

하고, 목표 실현을 위해 지금까지 테크나 스포츠 분야를 중심으로 진행했던 언론 홍보 방향을 패션·라이프스타일 분야와 TV 쪽으로 틀었다. 전략의 핵심 키워드는 고프로를 사용하는 여자라는 뜻의 '고프로녀'였다.

2016년 여름에 일본의 인기 TV 예능 프로그램 〈왕의 브런치〉에서 고프로 특집이 방영되자 SNS에서 '#고프로가 있는 생활'이라는 해시태그가 인기를 끌기 시작했다. 2017년부터는 전략 키워드인 '#고프로녀'가 언론과 SNS에 등장하기 시작했고, 같은 해 여름에는 일본의 인기 아침 정보 프로그램 〈ZIP!〉에서 '고프로녀'

의 일상을 쫓는 특집이 방영됐다. 이런 전략으로 순식간에 여성들의 마음을 사로잡은 고프로는 불과 3년 만에 '익스트림 스포츠에는 고프로'라는 퍼셉션을 '여성에게는 고프로'라는 퍼셉션으로 바꿀 수 있었다.

퍼셉션 체인지 효과는 매출 상승으로 이어졌고 2017년에는 판매 대수가 전년 동기 대비 96%나 증가했다. 그 후로도 매출 상승세가 이어져 2017년에 50%였던 고프로의 시장 점유율은 2019년에 59%까지 증가했다. 새로운 퍼셉션이 젊은 여성들에게 고프로를 사야 하는 이유로 작용했기 때문이다. 여성을 타깃으로 삼은 퍼셉션 체인지로 일본 시장을 파고든 고프로는 익스트림 스포츠용 사진 외에 카메라의 다른 용도를 소개해 인지도를 올렸다.

여기서 핵심은 고프로가 여성용 제품을 개발해서 판매한 것이 아니라는 점이다. 때로는 상품이 아니라 퍼셉션이 트렌드를 형성하기도 한다는 사실을 명심하자.

제품이 아닌 카테고리의 퍼셉션 바꾸기

'○○하면 ××'라는 퍼셉션을 바꾸는 일은 마케팅에서 매우 중요한 요소다. 그런데 퍼셉션은 브랜드나 상품에만 존재할까?

그렇지 않다. 퍼셉션은 특정 상품뿐만 아니라 상품이 포함된 카테고리에도 존재한다. 카테고리는 '상품이 속한 시장'이라고도 할 수 있다. 예를 들면 SUV는 자동차 카테고리의 하나고, 청소기는 가전제품 카테고리에 속한다.

바카디는 진토닉의 퍼셉션을 칵테일에서 대중적인 알코올음료로 바꿨다. 시장을 확대하기 위해 봄베이 사파이어라는 제품이 아니라 진토닉이라는 '카테고리' 자체의 퍼셉션을 바꾼 것이다.

퍼셉션 체인지의 대상을 선정할 때는 자사의 마케팅 전략을 고려해 카테고리와 제품 중 어느 쪽이 더 효과가 좋을지를 판단해서 선택해야 한다.

일반적으로 카테고리의 퍼셉션은 '오케이션Occasion'의 영향을 많이 받는다. 사전적 의미로 '경우'나 '상황'을 뜻하는 오케이션은 소비자가 상품이나 서비스를 사용하는(또는 떠올리는) 특정 시간이나 장소를 의미한다. 그렇다면 식사나 술자리에서 '건배'를 하는 상황을 예로 카테고리의 퍼셉션 체인지에 관해서 생각해보자.

미슐랭 레스토랑 전용 맥주가 있다?

일본의 맥주 제조업체 메종 로코코 주식회사는 '맥주'라는 카테고리의 퍼셉션을 바꿔 샴페인 시장에 도전장을 던졌다. 고급 맥주를 출시한 지 1년 만에 도쿄에 있는 미슐랭 스타 레스토랑의 절반과 납품 계약을 맺은 메종 로코코의 사례를 살펴보자.

2009년에 일본에서 하이볼 열풍이 일었다. 계기는 위스키 제조업체 산토리가 2008년에 시작한 대규모 하이볼 홍보 캠페인이었다. 이 홍보 캠페인의 성공으로 지난 25년간 쇠퇴의 길을 걷던 위스키 시장이 단번에 되살아났다. 2008년에는 30%였던 하이볼의 인지도가 1년 만에 80%로 상승했고, 산토리 위스키로 만든 하이볼을 파는 가게가 4배로 늘어 6만 곳에 달할 정도였다. 하이볼이라는 음주 방식을 대중화시킨 산토리의 마케팅 전략은 그야말로 대성공이었다.

산토리의 성공을 이끈 주역은 '건배'를 하는 **상황**Occasion에 대한 퍼셉션의 변화였다. 그때까지 일본에서는 '건배'하면 당연히 '맥주'를 떠올렸다. 일본에는 술집에 들어가서 "일단, 맥주부터とりあえず、ビール"라고 주문하는 것이 당연할 정도로 건배와 맥주를 잇는 퍼셉션이 강하게 뿌리 내려 있었다.

2단계
퍼셉션
바꾸기

이 점에 주목한 산토리는 여성과 청년층을 중심으로 '하이볼로 건배'라는 퍼셉션을 형성하기 위한 홍보에 나섰다. 때마침 '술은 각자 좋아하는 것을 마시자'라는 식의 다양성을 중시하는 가치관까지 힘을 보태자 하이볼로 건배하는 문화가 서서히 퍼져나가기 시작했다. 일반적으로 술자리에서는 건배하기 위해 주문한 첫 잔을 계속해서 주문하는 경우가 많다. 건배는 맥주로 해야 한다는 퍼셉션을 바꾸자 자연스럽게 술자리에서 하이볼(위스키)을 마시는 새로운 상황이 생겨났다.

이 하이볼 열풍 이후 10년이 지난 지금, 다시 '건배'하는 상황의 퍼셉션 체인지를 노리는 기업이 등장했다. 앞에서 언급한 메종 로코코다. 2017년에 시작한 맥주 제조 스타트업 메종 로코코은 고급 레스토랑에서 건배를 하는 상황에 대한 퍼셉션 체인지를 노린다.

메종 로코코는 2018년에 밀로 제조한 화이트 맥주 'ROCOCO Tokyo WHITE'를 출시했다. 이 맥주는 일부 고급 레스토랑에만 납품하기 때문에 일반인에게는 거의 알려지지 않았다.

'셀레브레이션 맥주(기념하거나 축하하는 자리에서 마시는 맥주라는 의미-역자 주)'를 표방하는 메종 로코코는 처음부터 일류 레스토랑이나 고급 요릿집에서 건배하는 상황에 주목했다. 지금도 일반 음식점에서는 '건배할 때는 맥주'라는 퍼셉션이 여전히 굳건하다. 하지만 고급 레스토랑은 다르다. 고급 레스토랑에서 건배할 때는

R O C O C O
Tokyo

CONCEPT PRODUCT ROCOCO GLASS GIFTING RESTAURANTS INTERNATIONAL BOOK MEDIA CONTACT

'ROCOCO Tokyo WHITE'는 고급 레스토랑에만 납품하는 전략으로
맥주라는 카테고리의 퍼셉션을 바꿔 샴페인 시장에 도전장을 던졌다

샴페인을 마시는 경우가 압도적으로 많다. 평소 맥주를 좋아하는
사람도 이때만은 샴페인을 고른다. 메종 로코코는 이것이야말로
'럭셔리한 장소에서 건배할 때는 샴페인'이라는 퍼셉션을 보여주
는 증거라고 생각했다. 언뜻 '건배'라는 똑같은 상황처럼 보이지
만 사실 다른 퍼셉션이 존재했던 것이다.

이미 샴페인이 존재감을 굳힌 상황이었지만, 메종 로코코는 그
틈을 파고들어 '고급 레스토랑에서 맥주로 건배'라는 퍼셉션 체인
지를 일으키고자 했다. 로코코는 이 마케팅 전략을 성공시키기 위

'ROCOCO Tokyo WHITE'는 화이트와인
잔에 마시는 것을 전제로 개발했다

해 맥주 개발에만 1년 반의 시간을 쏟아부었다. 프랑스 요리나 일
본 전통 요리와 같은 섬세한 요리와 어울리도록 후지산 지하수를
사용해 달콤하고 고급스러운 맛을 구현해냈다. 병 디자인과 마시
는 방식까지 자신들의 스타일을 고집하며 화이트와인잔에 따라
마시는 것을 전제로 개발했다.

　또한 편의점이나 슈퍼마켓과 같은 소매점에는 판매하지 않고
미슐랭 스타 레스토랑을 비롯한 고급 식당에만 납품했다. 타깃을
명확히 정하고 완벽한 상품을 개발하기 위해 노력한 결과, 현재
메종 로코코는 레스토랑 사장, 셰프, 소믈리에들에게 절대적인 지

지를 받으며 순조롭게 사업을 키워나가고 있다. 출시한 지 1년 만에 도쿄에 있는 미슐랭 스타 레스토랑의 절반에 ROCOCO Tokyo WHITE를 납품하는 성과를 올렸다.

메종 로코코의 사례에서 주목할 점은 그들이 기린이나 아사히와 같은 대형 맥주 제조업체를 상대로 정면승부에 나서지 않았다는 사실이다. 현재 맥주 소비량은 꾸준히 감소하며 매년 최저치를 경신하는 상황이다. 한편 일본의 샴페인 수입량은 계속 증가해 2017년 이후 세계 3위를 유지하고 있다. 메종 로코코가 고급 레스토랑에서 축하 건배를 할 때 맥주를 떠올리도록 퍼셉션을 바꾸는 전략을 세운 이유가 여기에 있다.

특정 상황과 상품 카테고리의 관계에 주목해 퍼셉션을 바꾸면 새로운 시장을 개척할 수 있다. 시야를 넓히면 퍼셉션 체인지가 불러올 가능성의 폭도 넓어진다.

퍼셉션 확대로 급성장한 줌

네 번째 중요 포인트는 **완전 변화와 확대**다. 사실 퍼셉션 체인지에도 몇 가지 유형이 있다. 그중 '완전 변화'는 변하기 전 퍼셉션을 완전히 없애고 새로운 퍼셉션으로 바꾸는 것을 말하며, '확대'는 기존의 퍼셉션을 유지하면서 새로운 퍼셉션을 추가하는 것이다.

줌 비디오 커뮤니케이션의 온라인 화상회의 시스템 줌Zoom은 퍼셉션 확대에 성공한 대표적인 사례다. 현재는 '일반 소비자도 이용할 수 있는 커뮤니케이션 시스템'이라는 퍼셉션이 정착되었지만, 원래 가지고 있던 '비즈니스를 위한 화상회의 시스템'이라는 퍼셉션도 여전히 남아 있다. 줌은 코로나19 감염 확산으로 새로운 퍼셉션이 형성되자 비즈니스 툴로 사용하던 기존 이용자들에 더해 편한 소통의 도구로 이용하려는 사람들까지 새로 유입되면서 이용자가 급증했다.

줌은 여러 명이 같이 회의를 할 수 있는 온라인 회의 시스템이다. 회의 주관자가 줌 사이트에서 회의를 개설하고 접속 URL을 참가자와 공유하면 온라인으로 회의를 할 수 있다. 계정은 누구나 무료로 만들 수 있고 기본 플랜으로도 100명 이하라면 40분까지는 무료로 이용할 수 있다. 물론 유료 플랜을 이용하면 플랜에 따라 회의 시간과 참가 인원수를 늘릴 수도 있다.

2019년 12월 시점에는 줌 회의를 이용하는 사람이 전 세계에서 하루 평균 약 1,000만 명 정도였지만, 2020년 4월에는 3억 명을 넘었다. 코로나19 감염 확산으로 대기업을 중심으로 원격근무가 권장되자 자연스럽게 이용자가 폭발적으로 늘어났다.

그렇지만 온라인 화상회의 서비스 자체가 특별히 새로운 시스템은 아니다. 줌 외에도 마이크로소프트의 팀즈Teams와 스카이프Skype가 있고, 구글의 미트Meet, 시스코 시스템즈의 웹엑스Webex 등 비슷한 서비스가 여럿 존재한다. 그중에서 왜 줌이 특별히 주목받았을까? 그 배경에도 역시 퍼셉션이 있었다.

온라인 화상회의 서비스에 대한 기존의 퍼셉션은 '비즈니스인이 사용하는 비즈니스 지원 시스템'이었고 줌도 이와 다르지 않았다. 하지만 코로나19 감염 확산 이후 비즈니스 외에 다른 용도로 사용하는 일이 많아지면서 퍼셉션이 변하기 시작했다. 줌에는 '비주얼 커뮤니케이션 시스템'이라는 새로운 퍼셉션이 더해졌다.

새로운 퍼셉션 형성을 이끈 주역은 온라인을 통한 술자리였다. 코로나19로 외출을 자제하게 되면서 사람들과 대화를 나눌 기회가 급격히 줄어들자 스트레스를 받는 사람이 생겼고, 스트레스 해소 수단으로 온라인 술자리가 유행하기 시작했다. 재택근무로 직원들끼리의 소통이 줄어들어 고민하던 기업들은 이런 유행이 생기자 온라인에 모여 회식이나 점심 식사를 하는 직원들에게 지원금을 지급하기도 했다.

얼마 안 가 '줌 회식'이라는 말까지 생겨났고 온라인 회식의 대명사로 자리 잡으며 이용자들 사이에서 빠르게 퍼져나갔다. 이런 흐름을 통해 줌은 온라인 화상회의 서비스를 대표하는 존재로 떠올랐다. 새롭게 형성된 퍼셉션 덕분에 이용자층이 넓어진 줌은 압도적인 이용자 수를 확보할 수 있었다.

이용자가 급증하면서 안전성과 보안 관련 지적도 잇따랐지만, 줌은 빠른 업데이트와 보안 강화 정책을 발표하면서 발 빠르게 대처해 신뢰를 쌓았다. 그렇게 줌은 불과 두 달 만에 '비즈니스 툴'에서 '커뮤니케이션 필수품'이 되었다. 이 정도로 빨리 퍼셉션이 변한 사례는 찾아보기 힘들 정도다.

기존의 퍼셉션이 전혀 새로운 퍼셉션으로 완전히 바뀌기도 하지만, 줌의 사례처럼 새로운 퍼셉션을 형성해 퍼셉션이 확대되는 경우도 있다는 사실을 명심하자.

퍼셉션 체인지의 마지막 중요 포인트는 **브랜드 자산**Brand Equity이다. 흔히 '자산'으로 번역되는 'Equity'는 해당 브랜드가 쌓아온 가치이자 반드시 지켜야 하는 자산이다.

광고로 본 질레트의 본질

2019년 1월에 인터넷에 올라온 한 동영상을 두고 미국에서 뜨거운 찬반 여론이 일어났다. 영상은 세계적인 남성용 면도기 브랜

질레트의 광고 'We Believe(우리는 믿는다)'는 찬반 여론을 일으켰지만 브랜드가 추구하는 본질적인 메시지를 전달했다

드 질레트Gillette의 광고였다. 'We Believe(우리는 믿는다)'라는 제목이 붙은 해당 영상에는 영상에서는 여성을 놀리거나 남자아이들끼리 몸싸움을 하는 장면 등이 등장한다. 이를 말리는 남성이 등장하고 다음과 같은 독백이 이어진다. "당신이 남자로서 할 수 있는 최고의 행동입니까?"

SNS에 성범죄 피해 사실을 밝히는 미투Me Too 운동이 전 세계적으로 번지던 상황에서 세상을 향해 남성의 바람직한 자세를 묻는 질레트의 광고는 큰 화제를 불렀다. 유튜브 조회수는 불과 며칠 만에 1,000만 건을 돌파했다. 하지만 평가는 양쪽으로 갈렸다. 영상이 주는 메시지에 공감한 사람들 사이에서는 감동적이라는 의견이 나왔지만, 남성 비하라고 판단한 사람들 사이에서는 불매운동까지 일어났다. 광고 내용이 어떤 방향이든 지금까지 질레트라는 브랜드가 가지고 있던 '강한 남성'이라는 퍼셉션을 스스로 깨려는 것처럼 보였기 때문이었다. 너무 쉽게 사회 분위기에 편승하려 한다고 생각하는 사람도 있었다.

질레트는 부정적인 의견이나 불매운동에도 동요하지 않았다. 전달하는 메시지가 크게 달라진 것처럼 보였지만 사실 질레트의 '본질'은 조금도 변하지 않았기 때문이다. 질레트는 지난 30년 동안 '남자가 가질 수 있는 최고The Best a Man Can Get'라는 슬로건을 고집해왔다. 질레트는 항상 최고의 남성을 위해 존재하며, 최고의 남성이 질레트를 존재하게 한다.

질레트의 광고는 현재와 미래에 어울리는 최고의 남성상을 제시했을 뿐이다. 다시 말해 질레트는 자사의 퍼셉션이 아니라 세상에 퍼져 있는 최고의 남성에 대한 퍼셉션을 바꾸려 한 것이다. 최고의 남성을 위해 존재하는 것이 질레트 브랜드의 본질이기 때문이다.

워크맨의 잔혹한 패션쇼

또 다른 사례도 있다. 작업복 브랜드로 유명한 일본의 워크맨workman은 남성용 의류라는 퍼셉션을 확대해서 새로운 여성용 브랜드 'WORKMAN GIRL'을 론칭했다.

주력 상품이 작업복이다 보니 워크맨의 주 고객층은 건설 현장이나 공장에서 일하는 근로자들이었다. '워크맨=작업복'이라는 퍼셉션이 이미 세상에 정착되어 있었다. 그런데 최근 들어 워크맨의 옷을 입는 여성들이 늘었다. 신규 브랜드 '워크맨 플러스'의 매장을 찾는 고객 중 절반이 여성일 정도다.

그중에서도 특히 초경량 런닝화 아슬레ATHLE는 여성 고객들의 사랑을 한 몸에 받으며 연간 판매량 100만 켤레 달성까지 앞두고 있다. 이런 인기에 힘입어 워크맨은 2019년 FW 시즌에 PB제품을 전 시즌보다 2.7배 늘려 300억 엔어치를 생산했다.

워크맨은 기존에 가지고 있던 작업복 브랜드라는 퍼셉션을 여성도 입는 패션 브랜드로 바꿨다. 두 퍼셉션의 차이가 너무 커서 이 현상 자체로도 공유할 만한 화젯거리였다.

하지만 워크맨은 새로운 고객을 확보하기 위해 여성을 타깃으로 한 제품이나 매장을 개발한 적이 없다. 우연히 아웃도어 분야의 한 여성 인플루언서가 '캠핑할 때 입기 좋다'며 워크맨의 제품을 SNS에 소개했고, 이 일이 계기가 되어 여성 고객들이 늘기 시작했을 뿐이다.

여기서 우리가 주목해야 할 부분은 워크맨이 브랜드의 본질을

워크맨은 2019년 9월에 이벤트 '워크맨의 혹독한 패션쇼'를 개최했다. 폭우와 폭풍이 몰아치는 상황을 연출한 워크맨만의 독특한 패션쇼는 브랜드의 본질을 정확하게 전달했다.

사람들에게 전달한 방법이다. 워크맨의 전략은 2019년 9월에 개최한 홍보 이벤트에 잘 드러나 있다. 일반적인 패션쇼 형태의 이벤트였지만 다른 점이 하나 있었다.

워크맨의 제품을 입은 모델들이 심한 폭우와 폭풍이 몰아치는 가운데 런웨이를 걸었다. '워크맨의 혹독한 패션쇼'라고 이름 붙인 이 행사에서 워크맨은 궂은 날씨의 혹독한 상황을 무대 위에 연출해 워크맨 제품의 방풍, 방수, 방한 기능을 제대로 보여주었다.

관객들은 기존 워크맨의 이미지와 다른 화려한 패션쇼를 예상했지만, 패션쇼에서 워크맨이 보여준 모습은 튼튼하고 기능이 뛰어난 옷이라는 변함없는 본질이었다. 여성 고객들의 관심이 쏠렸던 이 패션쇼를 통해서 회사는 자신들의 본질을 정확히 전달했고, 워크맨의 퍼셉션은 '어떤 혹독한 환경에서도 잘 견디는 옷을 만드는 브랜드'로 바뀌기 시작했다. 질레트와 마찬가지로 워크맨의 사례 역시 본질은 바꾸지 않는 퍼셉션 체인지를 보여준다.

질레트와 워크맨의 공통점은 브랜드 자산이다. 두 기업은 자신들의 자산을 바꾸려 하지 않았다. 자산은 언제나 보편적인 존재이며, 변하는 것은 시대와 사회일 뿐이다. 질레트는 시대와 함께 변하는 남성의 바람직한 모습에 맞춰 메시지를 전달했고, 워크맨은 아웃도어 활동을 좋아하는 여성이 SNS에 자사의 제품을 올린 일에 영리하게 반응했다. 이처럼 자신의 기준은 지키면서 시대와 세상의 흐름에 맞춰 퍼셉션을 바꾸는 것이 중요하다.

PERCEPTION

퍼셉션 지키기
바람직한 인식을 유지·관리하라

MARKETING

먼저 페이지에 있는 표를 살펴보자. 당신이 '퍼셉션을 지켜야 한다'고 생각했다면 이는 곧 브랜드를 위협하는 존재가 있다는 말과 같다. 이런 상황은 크게 두 가지로 나눌 수 있다. 하나는 '적이라 부를 수 있는 대상이 있는 경우', 또 하나는 대상이 없는 경우 즉 '적이 자기 자신인 경우'다.

이번에는 퍼셉션을 지키는 전략을 검토할 때 상황에 따라 어떤 마음가짐을 가져야 하는지에 관해 이야기한다. 퍼셉션을 바꾸면 얻는 것이 있지만 잃는 것도 있다. 따라서 퍼셉션을 지킬 때는 양쪽 모두를 고려해야 한다. 이 생각을 바탕에 두고 퍼셉션을 지키는 방법에 대해 생각해보자.

먼저 적이 외부에 있을 때다. 외부의 적이 존재하는 상황이란 구체적으로 무엇일까? 우선 위기관리 PR이 필요한 경우다. 자사의 퍼셉션이나 브랜드가 훼손될 우려가 있으므로 이를 어떤 방법으로든 지켜야 하는 상황이다.

이때는 공간을 중심으로 퍼셉션을 생각해야 한다. 이런 갈등은 같은 시기에 같은 공간에서 일어나며, 위기관리 PR인 만큼 빠른 대처가 중요해서 느긋하게 생각할 시간이 없을 때가 많다. 따라서 '지금 당장 이 자리에서 할 수 있는 일이 무엇인가? 무엇부터 해야 하는가?'와 같이 공간을 중심으로 상황을 살펴야 한다.

	대상(적)이 있는 경우	대상이 없는 경우 (적이 자기 자신인 경우)
구체적인 상황	위기관리 PR	장수 브랜드의 성장
퍼셉션의 관점	공간 중심	시간 중심
퍼셉션 형성 요소	대립	타이밍
포인트	대립축 설정	시대의 선택

퍼셉션을 지켜야 하는 상황은 적이 있는 경우와 자기 자신이 적이 되는 경우로 나눌 수 있다.

또한 어떤 요소로 퍼셉션을 형성할지도 중요하다. 앞서 퍼셉션을 형성하는 요소로 **'현상, 문해력, 집단, 타이밍, 대립'**을 설명했다.

이 중에서 **대립**은 상대와의 비교를 통해 퍼셉션을 형성하거나 변하게 하고, 약해지거나 강해지도록 만드는 요소다. 도쿄 타워도 도쿄 스카이트리와 비교하면 그다지 높아 보이지 않는것처럼 비교할 대상이 있어야 작용하는 요소인 대립은 외부에 적이 있을 때 더 중요하다. 또한 퍼셉션을 지키는 방법으로 대립 요소를 적용하면 대립축이 생기고, 자신과 외부의 적 사이에 어떤 대립축을 세우는가에 따라서 대립 상황이 결정된다. 따라서 전략적인 대립축 설정이 가장 중요하다.

하나로 통틀어서 퍼셉션을 지키는 일이라고는 하지만 상황에 따라서 각기 다른 관점으로 대응해야 한다. 두 가지 상황에 따른 각각의 사례를 살펴보자.

가정식 식당 오토야, 기로에 서다

먼저 2020년에 TOB Take Over Bid(주식 공개 매수) 방식을 통한 적대적 M&A로 일본 외식업계 대기업 코로와이드 COLOWIDE에 인수된 오토야 홀딩스 OOTOYA Holdings의 사례를 들여다보자.

독자적인 가치가 있는 기업의 브랜드는 고객의 지지를 얻어서 그 자체가 퍼셉션을 형성하기도 한다. 수제手製를 표방하는 정식 전문점 오토야大戸屋가 고객의 지지를 받아 형성한 퍼셉션은 '안심할 수 있는 식재료로 갓 만든 가정식 요리를 제공하는 식당'이었다.

오토야의 직원들은 매일 아침 가게에서 식재료를 손질하고 두부도 직접 만드는 방식으로 갓 조리한 신선한 음식을 제공한다. 음식에 곁들이는 간 무大根おろし 하나도 냄새나 쓴맛이 나지 않도록 손님 테이블에 나가기 직전에 만들 정도다. 안전성과 맛에 들이는 정성이 오토야의 가치이며 강점이라고 할 수 있다. 오토야는 이런 자사의 퍼셉션을 지키기 위해 M&A 과정에서도 홍보 전략을 펼쳤다.

오토야의 시작은 창업주인 미쓰모리 히사미三森久実 선대 회장이 도쿄 이케부쿠로에 문을 열었던 식당이다. '여성도 편하게 들어와서 식사할 수 있는 정식 전문점'을 표방하며 성장해온 오토야는 일본에 342개, 해외에도 94개 매장(2020년 7월 기준)을 보유할 만큼 규모도 상당한 기업이다.

창업주는 2012년에 조카인 구보다 겐이치窪田健一에게 사장 자리를 물려주고 회장으로 취임하면서 본격적인 해외 진출에 나섰지만 안타깝게도 3년 뒤인 2015년에 세상을 떠났고, 이후 미쓰모리 회장의 아들 미쓰모리 도모히토三森智仁 이사도 경영에서 물러났다. 당시 창업주 일가가 가진 주식은 약 19%였다.

이 19%의 주식이 M&A의 발단이 되었다. 나는 한 관계자에게

'안심할 수 있는 식재료로 갓 만든 가정식 요리'를 내세운 식당 오토야

TOB가 벌어진 경위에 대해서 자세히 들을 수 있었다. 그의 말에 따르면 2018년부터 오토야의 창업주 일가는 자신들이 보유한 주식을 회사 측에 넘기려고 몇 차례 시도했지만, 뜻을 번복하는 바람에 실현되지 못했다고 한다.

창업주 일가는 보유 주식을 외식업계 대기업 코로와이드에 매각했고, 코로와이드는 이를 통해 오토야의 최대 주주가 되었다. 회전 초밥집 갓파스시와 선술집 아마타로, 고기구이 전문점 규카쿠, 햄버거 체인점 프레시니스 버거 등 다수의 프랜차이즈 브랜드를 운영하는 외식업계 대기업 코로와이드는 2019년 10월에 주주로서 오토야에 업무 제휴를 제안했지만 얼마 지나지 않아 방침을 바꿨다. 업무 제휴가 아니라 자회사로 관리하겠다고 통보한 것이다.

결과부터 이야기하자면 TOB를 통해 승리를 거머쥔 쪽은 코로와이드였고, 2020년 11월 4일에 열린 임시주주총회에서 오토야는 코로와이드의 자회사가 되었다. 이 책에서 오토야의 M&A 과정에 대해 논할 생각은 없다. 우리가 주목할 포인트는 오토야가 자사의 퍼셉션을 지키기 위해 펼친 홍보 전략이다.

코로와이드는 오토야의 재건을 위해 센트럴키친 Central Kitchen (중앙 집중식 조리 시설)을 활용해 음식을 조리한 후에 각 매장에 공급하는 방식을 도입하기로 했다. 하지만 오토야의 창립 이념은 매장에서 방금 조리한 음식을 고객에게 대접한다는 것이다. 센트럴키친 방식은 오토야가 지금껏 지켜온 '안심할 수 있는 식재료로 갓 만든 가정식 요리를 제공하는 식당'이라는 퍼셉션과는 맞지 않았다. 당시 오토야의 경영진은 센트럴키친 방식은 자사의 존재 가치와 어긋난다고 판단했다.

명확한 대립 구도를 만들어라

자사의 존재 가치를 지키기 위해 오토야가 세운 홍보 전략은

'고객을 생각하는 마음으로 매장에서 음식을 직접 조리하는 오토야'와 '공장(센트럴키친)에서 만들어 비용을 낮출 생각만 하는 코로와이드'라는 대립 구도를 통한 메시지 전달이었다. 핵심은 퍼셉션을 형성하는 다섯 가지 요소 중 하나인 **대립**에 있었다.

세상 모든 일은 항상 상대 평가된다. 대립하는 대상이 생기면 둥글다고 생각했던 것이 사각으로 보이거나, 늙었다고 생각했던 사람이 젊어 보이기도 한다. 마찬가지로 '코로와이드=공장'이라는 인식이 강해질수록 '오토야=수제'라는 인식이 강조된다. 오토야의 홍보 전략에서는 퍼셉션을 지키는 수단으로 대립을 응용하려는 의도가 엿보인다.

이때부터 오토야는 명확한 대립 구도를 형성하고 언론을 끌어들여서 퍼셉션을 퍼트리는 전략을 펼치기 시작했다. 자사의 미디어 채널Owned Media부터 공식 보도자료와 개별 인터뷰까지, 쓸 수 있는 모든 커뮤니케이션 수단을 활용했다.

오토야는 M&A 초기 단계부터 언론에 개방적이었다. 이슈가 있을 때마다 기자회견을 열고 사장이 직접 나와 '코로와이드의 주주제안을 따르면 더 이상 오토야의 미래는 없다'라며 호소했다. 2020년 6월에 열린 주주총회 때는 언론 관계자가 회의장 앞에서 주주들을 취재할 수 있도록 허락하고, 별도로 마련된 장소에서 주주총회를 지켜볼 수 있도록 조치하기도 했다.

또한 자사 홈페이지에는 사내에 남아 있던 창업주 미쓰모리 히사미 회장의 영상을 게재했다. 영상 속 미쓰모리 회장은 정식집이 지켜야 할 역할과 집에서 밥을 먹을 수 없는 사람들을 위해 안심하고 편안하게 먹을 수 있는 집밥을 제공한다는 오토야의 비전을 이야기했다. 그는 세상을 떠나기 직전까지 '요즘이야말로 매장에서 직접 조리하는 방식이 필요한 시대'라고 설파했었다. 오토야는 이런 비전이 자사 브랜드의 퍼셉션으로 이어졌다는 사실을 계속해서 이해관계자들에게 상기시켜 오토야의 가치를 다시 인지하게 했다.

주주들에게도 같은 메시지를 전달했다. 당시 오토야의 주주들은 60%가 개인주주였다. 물론 수익을 목적으로 투자한 사람도 있었지만, 평소 오토야를 좋아하는 단골손님으로서 주주 우대 혜택을 받고자 주식을 보유한 사람도 많았다. 오토야는 주주임과 동시에 팬이기도 한 이들에게 오토야의 참모습을 다시 인식하게 하는 메시지를 전달했다.

"오토야를 응원합니다." "요즘 밖에서 안심하고 먹을 수 있는 가게가 별로 없습니다." 실제로 오토야의 주주총회가 끝나자 개인주주들에게서 응원의 메시지가 쏟아졌다고 한다. 오토야가 퍼트린 퍼셉션이 오토야의 팬이자 주주인 사람들의 마음을 움직인 것이다.

또 하나 눈길을 끌었던 전략이 있다. 사내에서 뜻을 모은 직원들이 얼굴과 실명을 공개하고 주주들을 향해 TOB 중단을 호소하는 기자회견을 열었을 때의 일이다. 당시 기자회견은 오토야가 기획한 일이 아니었다. 애사심을 가진 직원들이 스스로 모여서 연 기자회견이었다. 이날 회견에서 자신들의 뜻을 호소하는 직원들의 뒤쪽 벽에 '오토야는 매장 내 조리를 고수한다'라는 포스터가 붙어 있었다. 이 모습이 TV와 인터넷 뉴스를 통해 퍼져나갔다.

오토야의 홍보팀이 기지를 발휘해 기자회견 당일에 준비한 포스터였다. 진정한 메시지를 전달하려면 기자회견장에서 직원들이 앉아 있는 모습만으로는 부족하다고 판단한 홍보팀의 아이디어였다. 물론 포스터만이 아니라 애사심이 돋보이는 직원들의 헌신적인 노력도 소비자와 주주들의 마음을 움직였을 것이다.

반면 코로와이드의 노리지 고헤이**野尻公平** 사장은 개별 인터뷰를 하기는 했지만 공식적인 기자회견은 한 번도 열지 않았다. 양사가 보인 언론 대응의 차이는 결국 보도 내용에도 영향을 미쳤다.

오토야의 노력은 언론의 주목을 받아 TV를 비롯한 다양한 언론에 노출되었다. 인수전이 시작된 후 2020년 4월부터 TOB가 성립된 같은 해 10월까지 TV도쿄의 비즈니스 프로그램 〈World Business Satellite〉에서 오토야의 이슈를 11차례나 다뤘고, TOB 성립 후에도 경제 다큐멘터리 프로그램인 〈가이아의 새벽〉

에서 인수전의 전 과정을 방송한 것이다.

TV를 비롯한 모든 언론의 보도 내용도 주목할 만하다. 대부분 '코로나19 여파로 매출이 떨어진 힘든 상황에서도 창업주의 뜻을 이어서 매장 내 조리를 고수하며 코로와이드에 맞서는 오토야'라는 대립 구도를 그린 것이기 때문이다. WBS가 방송된 후 SNS에 올라온 의견의 90%가 오토야를 향한 응원이었다. 오토야가 언론을 이용한 방식은 그야말로 PR의 정석이다.

사실 코로나19 팬데믹 전부터 오토야의 경영진은 저조한 실적에 대해 질책을 받기도 했다. 그러나 경영진은 비판을 겸허히 받아들이면서 어떻게 자신들을 응원하는 목소리에 조금이라도 더 힘을 실을 수 있을지 고민했다. 이 방향이 주주, 그리고 세상을 향한 소통의 핵심이었다.

최종적으로 코로와이드의 TOB는 성공했고 오토야는 M&A를 막지 못했다. 개인 주주들의 마음은 잡았지만 PR 전략만으로는 최후의 벽을 넘을 수 없었던 것이다. 하지만 경영권이 넘어간 후에도 오토야의 '수제' 퍼셉션은 사라지지 않았다. 오토야가 퍼셉션을 지킬 수 있었던 이유는 세간의 이목을 집중시킨 인수전이 사람들의 머릿속에 '오토야=수제'라는 인식을 심어주었기 때문은 아닐까?

수제인가 공산품인가?

    :

적대적 TOB를 통해 타 기업에 인수합병된 오토야의 사례에서 대립축은 '수제 요리인가, 공장 제조 요리인가'였다. 정리하면 매장 내 조리 방식을 고집하는 오토야와 센트럴키친(공장)을 이용해 효율을 높이려고 한 코로와이드의 대립이다.

코로와이드는 센트럴키친을 활용한 효율화를 주장하며 주주총회에서 표 대결Proxy Fight로 승부를 보려 했지만, 오토야 측에서 보면 코로와이드가 센트럴키친(공장) 제조를 주장할수록 오토야가 수제 요리를 지향한다는 점이 강조된다. 오토야는 이를 위기관리 PR의 핵심 요소로 보고 여기에 맞춰 홍보 전략과 PR 활동을 추진했다.

오토야의 사례처럼 기업 간 경쟁에서 주식 매수와 위임장 쟁탈전이 벌어지는 일은 드물지 않다. 이때 퍼셉션의 관점에서 상황을 바라보면 대립 요소나 대립축이 잘 보인다. 창업주 일가의 경영권 분쟁으로 세간을 시끄럽게 했던 오쓰카가구大塚家具의 사례도 마찬가지다.

오쓰카가구는 한때 오쓰카 구미코大塚久美子 사장의 취임 과정을 둘러싼 분쟁으로 일본을 시끄럽게 했었다(2020년 12월에 퇴임). 당시 언론이 이 소동을 상장 기업의 경영 문제가 아니라 창업주 오쓰카 가쓰히사大塚勝久와 딸 오쓰카 구미코의 집안싸움이라는 자극적인 스토리로 다루면서 연일 버라이어티 정보 프로그램을 장식하게 되었다.

이 사건 역시 퍼셉션의 관점에서 보면 대립축이 보인다. 오쓰카 가구의 대립축은 '개방Open VS 폐쇄Closed'였다. 우선 구미코 사장은 개방을 추구했다. 지나가던 누구나 쉽게 들어올 수 있도록 매장 구조를 가볍고 편한 분위기로 바꾸고, 판매보다 서비스를 중시해 인테리어 디자이너를 매장에 상주시켜 고객이 편하게 상담할 수 있게 하는 식이었다. 또한 법인 거래처 확보에도 적극적이었다.

반면 창업주인 가쓰히사 씨는 회원 등록을 하지 않으면 매장에 들어올 수 없는 폐쇄적인 노선을 지향했다. 과거 오쓰카가구는 신혼 가구와 인테리어 소품을 한 번에 묶어서 판매하는 방식으로 실적을 올렸다. 전문 지식을 가진 영업 담당자가 고객을 따라다니며 일대일로 응대하는 식이었다.

둘 중 어느 방식이 옳은지는 여기서 판단할 수 없지만, 우리가 주목해야 할 부분은 두 사람이 각자 자기 방침의 장점을 강조할수록 개방과 폐쇄라는 대립 구도가 뚜렷해진다는 사실이다. 이처럼 대상이 있을 때는 대립, 즉 대립축 설정을 통해 퍼셉션을 다투게 된다.

장수 브랜드가 가진 퍼셉션의 딜레마 :

　다음 상황은 대상이 없는 경우, 즉 적이 자기 자신인 경우다. 브랜드든 기업이든 오래 이어가다 보면 자연스럽게 지켜야 할 퍼셉션이 생기기 마련이다. 하지만 세상은 처음 사업을 시작했을 때와 계속 같을 수 없다. 그러다 보니 스스로 쌓아 올렸던 퍼셉션이 어느새 사업의 발목을 잡고 브랜드를 구식으로 만들기도 한다. 특히 스테디셀러 브랜드나 장수 기업 중에 이런 문제로 고민하는 곳이 많다. 하지만 스스로 구축한 퍼셉션을 재검토하는 일은 계속해서 성장하고 싶은 브랜드와 기업이 반드시 해결해야 하는 과제다.

　적은 과거의 자신이고 목적은 미래의 자신을 만드는 일인 만큼 이런 상황에서 가장 중요한 포인트는 시간이다. 즉 퍼셉션을 형성하는 다섯 가지 요소 중 **타이밍**이다. 타이밍이란 사회의 큰 흐름이자 경향이고, 사회의 흐름이 반영된 트렌드는 외적 요인으로 작용해 기업과 브랜드의 퍼셉션에 영향을 미친다. 따라서 현재 세상의 분위기는 어떤지, 앞으로 세상이 어떤 방향으로 흘러갈지를 항상 주의 깊게 지켜봐야 한다.

　같은 기업이 같은 일을 해도, 같은 브랜드가 같은 방법으로 홍보를 해도, 타이밍에 따라서 퍼셉션이 달라진다. 나 자신이 적일

3단계
퍼셉션
지키기

때는 시대의 흐름이라는 외적 요인, 다시 말해 '시대의 선택'이 중요하다. 세상이 움직이고 시대가 선택하는 방향에 따라 퍼셉션을 지켜야 할지, 바꿔야 할지가 정해진다.

이와 관련해서 기존의 퍼셉션을 지키면서 새로운 퍼셉션을 형성하는 마케팅 전략을 추진한 상품이 있다. 제과 업체 오야쓰컴퍼니おやつカンパニー의 인기 과자 '베이비스타 라면'이다. 음식 레시피에서 돌파구를 찾아낸 오야쓰컴퍼니는 슈퍼 앞에 설치한 디스플레이와 인터넷 미디어를 조합한 홍보 캠페인으로 1년 만에 판매 수량을 11%나 높였다

일본에는 오랫동안 사랑받아온 장수 브랜드가 많다. 그래서인지 시대의 변화 속에서 '장수 브랜드들이 무엇을 지켜야 하는가'가 자주 논의 대상이 되곤 한다.

솔직히 말해 장수 브랜드와 퍼셉션의 관계는 상당히 까다롭다. 한마디로 표현하자면 딜레마다. 오랫동안 이어왔으니 지켜야 할 퍼셉션도 당연히 존재하지만, 퍼셉션을 지키려고 보수적인 전략만을 고집하면 오히려 '시대에 뒤처진 브랜드'라는 퍼셉션이 생겨서 젊은 고객에게 외면받을 뿐이다. 따라서 장수 브랜드일수록 지켜야 할 것은 지키면서 지나친 고집은 버리는 균형 잡힌 감각이 필요하다.

베이비스타 라면도 지난 60년 동안 소비자들에게 꾸준히 사

제과 업체 오야쓰컴퍼니는 '베이비스타 라면'의 퍼셉션을 지키면서 동시에 새로운 고객층을 확보하기 위한 마케팅 전략을 펼쳤다.

랑받아왔다. 오야쓰컴퍼니의 창업주 마쓰다 요시오松田由雄 사장은 과거 인스턴트 라면으로 사업을 시작했다. 그런데 인스턴트 라면을 제조하다 보니 어쩔 수 없이 제품에는 쓸 수 없는 가는 면이 대량으로 발생했다. 버려지는 면이 아까웠던 마쓰다 사장은 여기에 맛을 첨가하고 과자로 만들어서 직원들이 쉬는 시간에 먹을 수 있도록 제공했다. 부스러기로 만들어 직원들끼리 먹는 간식, 이것이 베이비스타 라면의 탄생이었다.

이 라면 과자가 직원들 사이에서 의외로 인기를 끌자 1959년에 '베이비 라면(작은 면)'이라는 상품으로 출시했고, 1973년에 '베이비스타 라면'으로 이름을 바꾸었다. 베이비스타 라면이라는 상품명은 창업주가 아이들의 사랑을 받아 과자계의 스타가 되겠다는 마음을 담아 지었다고 한다.

오야쓰컴퍼니의 조사에 따르면 소비자가 인식하는 베이비스타 라면의 퍼셉션은 '저렴한, 어린이용, 추억, 전통'이다. 퍼셉션에서 짐작할 수 있듯이 현재 베이비스타 라면의 주 고객층은 어린이가 아니라 일본의 인구 피라미드 구성에서 가장 큰 규모를 차지하는 집단인 40대다.

그 이유가 무엇일까? 거슬러 올라가 보면 베이비스타 라면이 탄생한 시기가 일본에서 제2의 베이비붐이 일었던 시대(1971~1974년)임을 알 수 있다.

베이비스타 라면의 주 고객층이 가진 퍼셉션은 사회적 배경과 깊은 관련이 있다. 그들이 어린아이였을 때인 1970년대에는 동네에 막과자를 파는 구멍가게가 많았고, 아이들은 용돈을 받으면 가게로 달려가 저렴한 막과자를 사 먹었다. 주 고객층인 40대에게는 어린 시절에 먹었던 제품에 대한 추억과 기억 즉, 다년간에 걸친 고객 여정 Customer Journey이 강렬하게 남아 있었고, 그 기억이 그리움과 전통이라는 퍼셉션으로 이어졌다. 이 퍼셉션은 브랜드의 탄생 시점부터 지금까지 크게 변하지 않았다.

고급화 대신 재미를 택한 베이비스타 라면

하지만 일본 경제의 거품이 꺼지고 상황이 크게 바뀌면서 상품을 둘러싼 환경도 달라졌다. 가장 먼저 판매 채널이 변했다. 과거 베이비스타 라면 판매 채널의 중심이었던 구멍가게가 2016년 8월 시점에는 전성기 때와 비교해서 80%나 줄었고, 주 판매처는 편의점과 슈퍼, 드러그스토어로 변했다. 설상가상으로 1975년 이후 서양에서 들어온 포테이토 칩이 과자 업계의 새로운 주역으로 떠올랐다.

또한 저출산으로 어린이 간식 시장도 변했다. 요즘 아이들은 부모와 함께 슈퍼에 와서 과자를 고른다. 과자 종류도 다양해졌고 값이 비싼 과자가 있어도 이상하게 생각하지 않는다. 요즘 젊은 세대는 부모 세대가 추억을 떠올리며 슈퍼에서 사 온 베이비스타 라면을 옆에서 함께 먹는 수동적인 방식으로 상품을 접했다.

따라서 베이비스타 라면에 대한 40대의 퍼셉션과 젊은 세대의 퍼셉션은 전혀 다를 수밖에 없다. 실제 오야쓰컴퍼니의 조사에 따르면 '추억'이라는 단어를 떠올린 고객층은 30대 후반에서 40대가 중심이었다. 젊은 세대들은 베이비스타 라면을 보고 추억을 떠올리지 않았다.

제품을 보고 떠올릴 추억이 없는 젊은 세대에게는 그 부분을 아무리 강조해봤자 구매로 이어질 리가 없다. 또한 중장기적으로 아이 인구가 폭발적으로 늘어날 가망도 없다. 이런 시대 상황을 읽은 오야쓰컴퍼니는 아이들을 대상으로 한 과자도 어린이용이라는 퍼셉션만 고수하면 시장이 점차 줄어들 뿐이라는 사실을 깨달았다.

오야쓰컴퍼니는 추억이라는 부모 세대의 퍼셉션을 유지하면서 자녀 세대에게도 다가가는 마케팅 전략을 세우기로 했다. 당시 다카구치 히로유키高口裕之 마케팅본부장은 이런 말을 했다.

"베이비스타 라면의 구매층은 40대가 중심입니다. 하지만 과거에 대한 추억이라는 자산만으로 고객 관여를 높일 것이 아니라, 현재의 40대(와 그 주변에 있는 성인)에게 맞는 퍼셉션도 형성해야 합니다. 그렇다고 성인에게 특화된 퍼셉션을 형성하면 경쟁사에 밀릴 수 있죠. 우리 브랜드의 자산인 아이들과의 친화성이라는 퍼셉션을 버리는 건 바보짓입니다."

여기서 잠시 '추억'이라는 퍼셉션을 분석해 구체적으로 무엇이 유지해야 하는 이미지와 퍼셉션인지 생각해보자. 베이비스타 라면에는 먹을 때 부스러기가 떨어져서 귀찮다거나 싸구려 과자라는 식의 언뜻 부정적으로 보이는 이미지가 있다. 하지만 주요 구매층은 오히려 그런 부분을 정감이 간다고 느낀다.

오야쓰컴퍼니는 브랜드 홈페이지에 베이비스타 라면으로 간편하고 재미있게 만드는 다수의 레시피를 공개해 제품을 요리에 활용할 수 있다는 점을 강조했다

마음의 휴식이 필요할 때 어릴 때 사 먹었던 기억을 더듬어 '저과자 (값이 싸서) 좋아했는데'라는 추억을 떠올리게 해 손이 가는 제품, 그것이 베이비스타 라면의 가치다. 고급화 노선으로 변경하면 이 퍼셉션은 오히려 훼손될 수 있다.

그래서 오야쓰컴퍼니는 베이비스타 라면을 대상으로 2018년부터 '요리에도 활용할 수 있다'라는 퍼셉션을 형성하기 시작했다. 브랜드 홈페이지에 베이비스타 라면의 식감과 맛을 활용해 음식을 만드는 레시피를 공개한 것이다. 되도록 쉽게 만들 수 있는 레시피를 '간편'과 '재미'를 기준으로 5단계로 나누어 제공했다. 이때 기존의 퍼셉션을 고려해 너무 그럴싸해 보이는 메뉴는 제외했다고 한다.

예를 들면 베이비스타 라면과 피자치즈, 잘게 부순 견과류를 프라이팬에 넓게 펼쳐 굽고 좋아하는 조미료를 뿌려 만드는 '뜨거운 피자판', 식빵에 베이비스타 라면, 참치, 마요네즈를 얹어 구운 '베이비스타 참치 토스트', 코울슬로 샐러드에 베이비스타 라면을 넣어 바삭한 식감을 살린 '바삭바삭 무한 코울슬로 샐러드' 등이다.

오야쓰컴퍼니는 일부러 저렴하다는 장점을 보여줄 수 있는 레시피를 골랐다. 실제 소비자가 부담 없이 만들어 먹어보고 '여러 요리에 두루 어울린다'라는 사실을 경험하게 해서 브랜드의 호감도를 높이려는 계획이었다.

또한 베이비스타 라면을 활용한 레시피를 홍보하기 위해 2019년에는 요리 동영상 플랫폼 '델리쉬 키친DELISH KITCHEN'을 마케팅에 활용했다. 이용자들에게 육수 대신 베이비스타 라면의 감칠맛을 활용한 '베이비스타 솥밥'의 레시피를 추천했고, 경연대회에서 입상한 블로거와 콜라보한 요리 영상을 공개하기도 했다.

여기서 끝이 아니다. 오야쓰컴퍼니는 베이비스타 라면을 활용해 요리를 만드는 영상을 슈퍼 앞에 설치한 디스플레이를 통해 노출하는 방법으로 온라인과 오프라인을 넘나들면서 고객들에게 다가갔다. 슈퍼 앞에 요리 영상을 틀어놓은 점포들의 판매 수량이 1년 만에 11%나 증가해 매출에 직접적인 공을 세웠다.

베이비스타 라면의 아이디어는 장수 브랜드가 어떤 퍼셉션은 지키고, 어떤 퍼셉션은 바꿔야 하는지를 잘 보여준다. 변할 수 없는 '탄생부터 유지해온 특징'과 '구매층이 느끼는 혜택'이 형성한 퍼셉션은 제품의 뼈대이므로 지켜야 한다. 반면 그 정신을 보여주는 방식과 고객에게 선보이는 모습은 시대와 환경의 변화에 따라 바꿔가야 한다.

규동 전문점 요시노야의 전략

일본에서는 "맛있고 싸고 빠르다ㅜまい、やすい、はやい"는 말을 들으면 누구나 규동(소고기덮밥) 전문점 요시노야YOSHINOYA를 떠올린다. 이 캐치프레이즈는 124년 동안(2023년 기준) 서민들의 배를 채워준 요시노야가 고객과 함께 키워온 퍼셉션이며, 브랜드를 대표하는 이미지이기도 하다. 이번에는 기존의 퍼셉션을 지키면서 'RIZAP 소고기 샐러드'와 '포케모리'를 성공시킨 요시노야의 사례를 들여다보자.

요시노야의 캐치프레이즈는 시대에 따라 변해왔다. 도쿄 니혼바시 시장에서 시작한 요시노야는 원래 어시장 상인들을 상대로 규동을 파는 가게였다. 창업 당시의 캐치프레이즈는 '빠르고 맛있다'였다. 당시에는 소고기가 장어에 버금갈 정도로 고급 식재료였기 때문에 '싸다'는 이미지는 없었고, 입맛이 까다로운 어시장 상인들이 가격보다는 '빠르고 맛있는' 음식을 원했기 때문이었다.

그러다 규동이 흔한 음식이 되자 '싸다'라는 표현이 더해졌고, 시대의 흐름에 따라 예전에는 '맛있고 빠르고 싸다'였지만, 지금은 '맛있고 싸고 빠르다'로 순서도 달라졌다.

요시노야의 캐치프레이즈가 이렇게 복잡한 내력을 가진 이유는 이 문구가 애당초 회사가 정한 기업 슬로건Corporate Slogan도 아니고 심지어 창업주가 정한 것도 아니기 때문이다. 이것은 고객들이 내린 평가다. 지금은 요시노야의 로고에 들어갈 정도로 익숙해진 이 캐치프레이즈는 고객들이 발견한 요시노야의 가치, 즉 퍼셉션이다. 이는 사람들에게 음식을 제공하는 일을 사명으로 창업 124주년을 맞이한 요시노야의 자부심이기도 하다.

요시노야는 일본의 고도성장기에 '맛있는 규동을 저렴한 가격에 바로 먹을 수 있다'라는 매력이 이른바 '맹렬사원(자신과 가족을 희생하면서까지 일에 매달리는 직장인을 부르는 말-역자 주)'으로 불리던 직장인들의 지지를 받아 빠르게 성장했다. 하지만 그런 배경 탓에 요시노야에는 '바쁘게 규동을 먹는 남성 전용 식당'이라는 퍼셉션도 생겼다. 여성이 카운터석에 앉아 있는 모습은 상상하기 어려웠던 것이다.

하지만 남성들만 규동을 좋아하는 것은 아니다. 요시노야의 조사에 따르면 매장의 주 고객은 30~60대이며 남녀비율은 7:3이었지만, 포장 고객의 남녀비율은 5:5였다. 이 조사로 회사는 여성들도 요시노야의 음식을 좋아하지만 '남자들이 가득한 매장에서 먹기는 좀 눈치가 보인다'라는 퍼셉션이 문턱을 높이고 있다는 사실을 알 수 있었다. 그뿐만 아니라 10~20대 고객이 적다는 사실도 고민이었다.

그동안 패스트푸드 업계도 경쟁자가 늘어서 '맛있고 싸고 빠르다'는 더 이상 요시노야만의 전매특허라 할 수 없어졌다. 옛날과는 달리 메뉴도 다양해져서 일부러 규동을 먹으러 갈 이유도 없어졌다. 핵심 고객을 지키면서 고객층을 넓히지 않으면 점차 쇠퇴의 길을 걸을 수밖에 없는 상황이었다. 이에 요시노야는 '맛있고 싸고 빠르다'라는 퍼셉션을 지키면서 고객들이 자사의 가치를 경험할 수 있는 서비스와 메뉴 개발에 나섰다.

그 예로 가족 단위 고객을 겨냥해 개발한 메뉴 '포케모리'가 있다. 포케모리는 인기 게임 〈포켓몬스터〉와 손잡고 선보인 콜라보 메뉴다. 요시노야는 규동을 담는 그릇을 게임 속에서 포켓몬을 잡을 때 쓰는 아이템인 몬스터볼 모양으로 디자인하고, 특별 제작한 피규어도 증정하기로 기획했다. 그 결과 2019년 12월에 포케모리를 판매하기 시작하자마자 예상을 뛰어넘는 매출이 생겨났다. 한때 수량이 부족해 판매가 중지될 정도로 대박이 터진 것이

3단계
퍼셉션
지키기

요시노야는 인기 게임 〈포켓몬스터〉와 손잡고 선보인 콜라보 메뉴 '포케모리'의 성공으로 가족 단위 고객층을 확보했다

다. 추첨을 통해 받을 수 있는 '포케모리 전용 돈부리(덮밥) 그릇'의 인기도 대단했다.

이후 여성 고객을 겨냥해서 개인 맞춤형 피트니스센터 업체 라이잡RIZAP과 함께 개발한 'RIZAP 소고기 샐러드'도 인기몰이에 성공했다. RIZAP 소고기 샐러드는 다이어트를 위한 고단백·저탄수화물 메뉴로 요시노야의 대표 메뉴인 소고기를 듬뿍 올려 포만감을 주는 것이 특징이다.

사실 재밌게도 여성들을 겨냥해 개발한 이 메뉴의 주 고객층은 남성이라고 밝혀졌다. '저녁에 회식이 있으니 점심이라도 칼로리는 낮춰야 하는데 고기는 먹고 싶고….' 라는 직장인 남성들의 고민(자기합리화)을 해결해 준 것이다.

서비스 측면에서는 포장을 더 편하게 이용할 수 있도록 스마트폰과 전화로 미리 주문하고, 지정한 매장에서 원하는 시간에 바로 음식을 받을 수 있는 서비스도 시작했다. 도시락 하나를 사는 고객이라도 최대한 편리하게 이용할 수 있도록 신경 써서 새로운 고객층을 확보하려는 전략이었다.

하지만 새 메뉴를 개발하고 디지털 기술을 활용해서 포장 주문의 이용 편의성을 높여도 여성들 사이에 생긴 '매장에서 먹기는 눈치가 보인다'라는 퍼셉션을 완전히 불식시킬 수는 없었다. 이때 요시노야는 소비자 인터뷰에서 과제 해결의 실마리를 보았다.

2017년부터 요시노야의 CMO(최고 마케팅 책임자)를 맡은 다나카 야스히토田中安人는 소비자들을 모아 인터뷰를 진행했던 일을 지금도 생생하게 기억한다. 한 여성에게 요시노야를 어떻게 생각하는지 질문했더니 "요시노야는 유도 수련장 같아요"라는 답이 돌아왔다고 한다. 다나카 CMO는 이게 대체 무슨 의미냐고 다시 물었다. 여성의 답은 다음과 같다.

"메뉴에 보면 '쯔유다쿠('국물 넉넉히'라는 의미로 식당 점원들 사이에서 쓰는 용어)'라는 옵션을 선택하게 되어 있잖아요. 일반인은 잘

요시노야는 카페 스타일로 꾸민 '쿠킹&컴포트' 매장을 확대하고 있다

모르는 그런 용어가 쓰여 있으니까, 무슨 말인지 모르면 들어가기 꺼려져요."

쉽게 말해 아는 사람에게만 편한, 폐쇄적인 매장으로 보인다는 뜻이었다. 이 의견을 듣고 다나카 CMO는 요시노야에 대한 여성들의 퍼셉션을 이해할 수 있었다.

이때부터 요시노야는 '쿠킹&컴포트'를 표방한 카페 스타일의 새로운 매장을 확대하기 시작했다. 외관을 전체적으로 검게 꾸며 일명 '블랙 요시노야'라고도 불린다. 새로운 매장에는 기존의 고풍스러운 인테리어 대신 소파와 테이블석을 배치해 패밀리레스토랑처럼 밝은 분위기가 나도록 꾸몄다. 또한 음료 코너를 설치하고 좌석마다 휴대용기기를 충전할 수 있는 콘센트도 마련했다. 쿠킹&컴포트 매장에는 규동뿐만 아니라 카레나 가라아게와 같은 메뉴도 있다.

정리하자면 '맛있고 싸고 빠르다'라는 퍼셉션을 지키면서 여성과 가족 단위 고객을 확보하고자 했던 요시노야가 선택한 구체적인 전략은 새로운 형태의 매장이었다. 새 매장은 2021년 3월 기준 교외를 중심으로 100곳으로 확대되었고 앞으로 500곳까지 늘릴 예정이다.

맛있고 쉽고 빠르다

이제 요시노야의 '맛있고 싸고 빠르다'라는 퍼셉션은 음식점이 가진 가치를 넘어 다른 업종에서도 소비자의 지지를 받는 보편적 가치로 자리 잡기 시작했다. 다나카 CMO는 개성있는 안경을 저렴한 가격에 판매하는 안경 업체 오운데이즈OWNDAYS의 다나카 슈지 CEO에게 "오운데이즈는 안경 업계에서 맛있고 싸고 빠른 회사가 될 것입니다"라는 각오를 듣고 깜짝 놀랐다고 한다.

'맛있고 싸고 빠르다'라는 퍼셉션은 이제 효율적인 운영을 통해 높은 품질의 상품을 합리적인 가격으로 편리하게 제공하는 기업의 가치 그 자체가 되었다. 과거 쓰키지 수산시장 상인들의 입에서 나온 캐치프레이즈가 지금은 비즈니스인들 사이에서 고객에게 사랑받는 가치관을 나타내는 표현으로 쓰인다.

그리고 요시노야가 지켜온 이 퍼셉션은 하나의 가치관이자 시스템으로 인식될 정도로 확대되었다. 창업 당시부터 고객들에게 전달했던 퍼셉션을 바탕으로 부가가치를 창출해온 요시노야의 사례는 퍼셉션 전략을 고민하는 이들에게 좋은 본보기가 된다.

퍼셉션 체인지의 득과 실

다만 아이러니하게도 적이 자기 자신일 때는 퍼셉션 체인지의 성공으로 잃는 것도 있다. 지금까지 이 책에서 퍼셉션을 바꾼 다양한 사례를 소개했는데 이때 반드시 명심해야 할 사항이 있다. '퍼셉션을 바꾸면 무언가를 새로 얻는 동시에 무언가는 잃을 수도 있다'는 점이다.

구체적인 사례가 4장에서 소개했던 의류업체 워크맨이다. 최근 워크맨은 일상복을 표방한 브랜드 '워크맨 플러스'와 '#워크맨 조시'를 운영하고 있다. 워크맨은 작업복 브랜드에서 여성들에게도 사랑받는 평상복 브랜드로 노선을 바꾼 퍼셉션 체인지의 대표적인 성공 사례다. 워크맨의 전략은 최근 몇 년간 본 다양한 사례 중에서도 특별히 주목할 만했다. 하지만 사실 트위터를 비롯한 SNS에는 기존 고객인 작업자들이 '매장에 들어가기 껄끄럽다', '예전이 좋았다'라며 올린 글도 적지 않았다.

회사는 퍼셉션 체인지에 성공했지만 그 이면에는 새로운 퍼셉션을 이해하지 못해 당혹스러워하는 소비자도 있었던 것이다. '무엇을 잃고 무엇을 얻을 것인가. 현재의 퍼셉션을 지키면서 새로운 고객을 확보하려면 어떻게 해야 하는가?' 이 고민은 기업의 브랜드 전략이자 경영적 판단의 문제이기도 하다. 그래서 때로는 워크맨의 사례처럼 손실Risk이 발생하기도 한다. 어찌 보면 외부의 적이 있을 때보다 더 까다로운 문제다.

여기서 주목해야 할 포인트는 퍼셉션을 지킬 때 반드시 낡은 퍼셉션을 끝까지 고집할 것인지, 아니면 과감히 버릴 것인지 사이에서 극단적인 선택을 할 필요가 없다는 점이다. 기존 퍼셉션이란 뚜껑을 열면 계속해서 작은 인형이 나오는 마트료시카처럼 포개진 구조 가장 안쪽에 있는 핵심 부분이라고 생각하자. 다시 말해 마음속 깊이 새겨진 이미지다.

과거에는 가장 안쪽 이미지만 있었지만, 시대의 흐름이 변하면 타이밍에 맞춰 그 위에 새로운 퍼셉션을 걸쳐야 할 때가 온다. 중심에 있는 퍼셉션을 버리는 것이 아니라 새로운 퍼셉션으로 둘러싸는 구조라고 생각해야 한다. 요시노야의 사례를 예로 들면 핵심에 있는 퍼셉션은 '맛있고 싸고 빠르다'라고 볼 수 있다. 그것에 '여성도 들어오기 편한 새롭고 밝은 매장'이라는 새 퍼셉션을 둘러싼 것이다. 퍼셉션을 지키는 방식은 그만큼 중요하다.

지금까지 지켜야 할 대상에 따라 두 가지로 나누어서 퍼셉션을 지키는 방법을 설명했다. 마지막으로 다시 한번 강조한다. 기존의 인지에는 '지킨다'라는 개념이 존재하지 않는다. 굳이 말하자면 인지에서는 계속해서 광고를 내보내 사람들의 기억을 상기시키는 것이 중요하다.

하지만 퍼셉션은 다양한 요인의 영향을 받아 계속해서 변한다. 심지어 동시다발적으로 형성된다. 퍼셉션은 하나가 아니라 회사와 브랜드를 보는 각도와 보는 사람에 따라서 각각 달리 형성될 수 있다. 따라서 한쪽에서 자사와 자사 브랜드에 유리한 퍼셉션을 형성하려고 하면 다른 쪽에서는 퍼셉션이 훼손되기도 한다. 그런 의미에서 '지킨다'라는 시점도 퍼셉션 전략에서 매우 중요한 포인트다.

PERCEPTION

퍼셉션 파악하기

기존의 인식을 측정하고 분석하라

MARKETING

마케팅이나 홍보 활동에서 퍼셉션이 사업에 얼마나 많은 공헌을 했는지 정확하게 측정하는 일은 쉽지 않다. 그 이유는 두 가지로 설명할 수 있다.

첫 번째는 퍼셉션이 소비자, 즉 세상의 인식이기 때문이다. 기업의 관점에서 보면 퍼셉션이란 소비자가 가진 상품이나 브랜드에 관한 인식이다. 어디까지나 소비자가 하는 인식이기 때문에 파악할 방법이 그리 많지 않다.

두 번째는 퍼셉션이 살아 있는 생물처럼 계속 변하기 때문이다. 일반적으로 인지도는 광고를 많이 하면 할수록 올라가고 적게 하면 떨어지는 비교적 파악하기 쉬운 양적 지표인 데 반해, 퍼셉션은 내용을 포함해서 전체가 복잡하게 변화하는 질적 요소다. 이런 변화를 시간의 흐름에 따라 제대로 파악하는 일이 쉬울 리가 없다.

퍼셉션을 측정해야 하는 이유

    본격적으로 퍼셉션을 측정하는 방법을 설명하기 전에 먼저 KPI 관점에서 퍼셉션을 포함한 PR 활동의 전체 구조를 살펴보자. 앞에서 설명했던 PR 피라미드를 다시 떠올려보자.

    PR 피라미드는 정보가 세상에 등장하는 단계인 **언론 보도**를 시작으로 정보를 바탕으로 인식이 변하는 **인식 변화**, 마지막으로 행동의 변화가 나타나는 가장 위 단계인 **행동 변화**로 구성된다. 인식 형성에서 시작해 행동을 변화시키는 PR 활동의 흐름을 도식화한 것이 PR 피라미드다. 그림에 PR 피라미드의 전체 과정을 측정하는 방법을 간단히 정리했다.

    우선 가장 아래 단계인 **언론 보도**는 정량평가와 정성평가로 측정한다. 정량평가에는 게시된 기사의 개수 등을 의미하는 노출 수와 그 기사가 얼마나 많은 사람에게 도달Reach 했는지를 나타내는 도달률, 그리고 최근 중요도가 떨어지기는 했지만 언론 보도 대신 광고를 했다면 들어갔을 광고비인 광고 환산 가치가 있다. 한마디로 정량평가는 해당 정보가 세상에 얼마나 노출되었는지, 얼마나 많은 사람이 알게 되었는지를 측정한다.

    정성평가를 통해서는 언론 보도가 자신들이 의도한 내용이었

■ PR 피라미드와 KPI

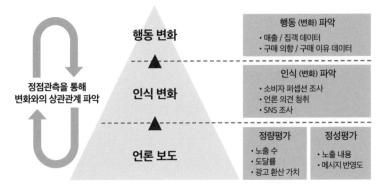

그림의 오른쪽은 PR 피라미드의 단계에 따라 일반적으로 측정하는 KPI로, 예를 들어 중간 단계인 퍼셉션 체인지는 세 가지 방법으로 조사할 수 있다

는지를 확인한다. 일명 '메시지 반영도'라고 부르는 방법을 통해 신문이나 잡지 기사, TV 프로그램에 자신들이 전달하고자 했던 메시지가 어느 정도 반영되었는지를 평가하게 된다.

다음으로 **인식 변화** 단계에서는 현재의 인식과 인식의 변화를 파악한다. 측정 방법은 크게 세 가지로 나눌 수 있다.

4단계
퍼셉션
파악하기

- 소비자 퍼셉션 조사
- 언론 의견 청취
- SNS 조사

언론에 노출한 결과 실제로 소비자의 인식이 변했는지, 그 변화가 자신들이 의도한 대로였는지를 여기서 파악한다. 다만 눈에 보이는 수치로 나타낼 수 있는 지표가 아니다 보니 언론 홍보에 비해 정확하게 파악하기는 어렵다.

그리고 가장 위에 있는 **행동 변화** 단계에서는 직접적인 행동의 여부를 측정한다. 이 부분은 비교적 정확하게 파악할 수 있다. 일반적인 기업이라면 매출이나 고객 수로 파악할 수 있고, 구매 의향이나 구매 이유를 묻는 설문조사 데이터도 지표가 된다. 또한 데이터의 확보 방법도 이미 다양하게 마련되어 있어서 구매 의향을 파악하는 것만이 아니라 왜 해당 제품을 원하는지, 또는 원하지 않는지까지 소비자의 심리를 자세하게 들여다볼 수 있다.

문제는 언론 보도를 통해 인식 변화가 자연스럽게 행동 변화로 넘어가며 의도한 변화를 끌어냈는지를 측정하는 부분이다. 이를 제대로 측정하지 못하면 언론 노출이 늘어나면서 상품의 판매량이 증가하고 브랜드의 팬이 늘어나도 그 사이의 상관관계를 파악할 수 없다. 이 상관관계를 파악하는 것이 소통에서 퍼셉션 측정이 가진 진정한 가치다.

인지, 인식, 행동의 변화는 아래에서 위로, 다시 위에서 아래로 순환하기 때문에 몇 달에 한 번 또는 1년에 한 번으로 정해놓고 정기적으로 관측(정점관측)해야 한다. 시간을 중심으로 변화를 가시화하면 제대로 순환하고 있는지를 파악할 수 있다.

이와 관련해서 실제 퍼셉션 조사를 시행한 화장품 브랜드 폴라 POLA 식품회사 아지노모토AJINOMOTO, 롯데의 사례를 살펴보자.

화장품 브랜드 폴라의 평가 시스템 :

퍼셉션을 바꾸고 만드는 일본 기업은 많이 찾아볼 수 있지만, 퍼셉션의 효과를 파악하는 단계까지 염두에 둔 기업은 그리 많지 않다. 하지만 기업이나 브랜드 차원에서 퍼셉션을 제대로 측정하고 관리하고자 노력하는 기업도 분명히 있다. 화장품 브랜드 폴라POLA*도 그런 기업 중 하나다. 폴라는 디지털 전환을 추진하는 과정에서 퍼셉션 측정에 주목하기 시작했다.

1929년에 사업을 시작한 폴라는 2차 세계대전이 끝난 후 방문판매 방식으로 빠르게 성장한 기업이다. 최근에는 방문판매뿐만 아니라 백화점이나 피부관리실을 겸한 매장인 〈POLA THE BEAUTY〉를 통해 판매확장에도 힘을 쏟고 있다. 또한 인터넷 판

4단계
퍼셉션
파악하기

---

* 1929년 창업한 일본 브랜드로 2023년 5월 국내에도 첫 매장을 열었다. - 편집자 주

매와 호텔, 여행 숙소에 욕실용품을 공급하는 B2B 사업 쪽으로도 영역을 확장하는 중이다.

이 과정에서 폴라는 현재 일본 기업 대부분이 고민하는 과제인 디지털 전환을 추진했다. 이를 위해 각 사업 부문을 넘나드는 고객 경험CX: Customer Experience을 제공하겠다는 혁신 전략을 세우고, 본격적으로 퍼셉션 측정에 나섰다. 해당 사업 부문은 '폴라숍, 백화점, 인터넷 쇼핑몰'이다. 폴라는 이 세 가지 판매 채널을 넘나들며 지속적인 고객 경험을 제공하기 위해서 고객의 목소리, 즉 퍼셉션을 정확하게 파악해 마케팅 프로세스 전체를 돌아보고 사업 활동을 개선하는 시스템을 구축하기로 했다.

원래 폴라의 기업 이념에는 고객 한 명 한 명을 존중한다는 기풍과 고객 중심 의식이 자리 잡고 있다. 그 바탕은 '최고의 상품을 고객 각자에게 맞는 관리 방법으로 직접 전달한다'는 창업주의 마음이다. 폴라의 주력 사업인 방문판매가 이 점을 잘 보여준다. 지금까지 폴라는 뷰티 디렉터라고 불리는 미용 전문가들을 전국에 배치하고 방문판매를 통해 각 고객에게 적합한 상품을 제공해왔다. 요즘 마케팅 분야에서 주목받고 있는 개인 맞춤형Personalize 고객 체험의 선구자인 셈이다.

하지만 앞에서도 설명했듯이 최근 소비자들의 구매 프로세스는 점점 복잡해지고 있다. 요즘은 자신도 모르는 사이에 다양한 채널을 통해 상품을 접하며 그때그때 상황에 맞는 판매처에서 물건을 구매하는 시대다. 폴라도 구매 프로세스 변화에 대응하기 위해 서둘러 온·오프라인 융합OMO 전략을 추진했다. 그 과정에서 각 판매 채널을 넘나드는 고객 체험 서비스를 제공하려면 퍼셉션을 파악하는 시스템이 필요하다는 사실을 깨달은 것이다.

폴라는 2018년에 퍼셉션을 바탕으로 한 프로세스 평가 시스템을 도입했다. 예전에는 제대로 퍼셉션을 파악한 적이 없었고, 전략별로 결과를 평가하거나 정기적으로 이미지 조사와 고객 만족도 조사를 시행했을 뿐이었다. 또한 사업별 전략의 측정 데이터를 체계적으로 정리하지 않아서 애써 얻은 데이터를 다른 사업이나 전략에 활용하지도 못했다. 회사 차원에서 문제의식을 느끼는 지점이었다.

폴라는 이 문제를 해결하기 위해 이 책에서 소개했던 쿠 마케팅 컴퍼니의 오토베 대표이사가 고안한 퍼셉션 흐름 관찰 모델을 도입하고, 고객 접점을 프로세스에 반영해 가시화하는 일부터 시작했다. 구체적으로 말하자면 매장, 상담, 피부관리 체험, 매장의 사후 관리 서비스나 DM Direct Message, 인터넷 쇼핑몰과 같은 구매 접점, 그리고 퍼셉션이 될 수 있는 요소와 고객의 감정까지 파악했다. 이 정보를 바탕으로 퍼셉션 흐름 관찰 모델의 가설을 세우고, 각 판매 채널의 마케팅 담당자와 판매 직원들을 대상으로 워

POLA			
		고급스럽다	☐
POLA 추천도(10점 만점)에 영향을 미친 경험에 대해서 평가해주세요.	불만 ○	놀랍다	☐
	다소 불만 ○	보유 기술력이 높다	☐
POLA의 기업 이미지 ▼	보통 ○	오리지널이 주는 특별함이 있다	☐
	다소 만족 ○	새로운 면을 발견하게 된다	☐
상품 전반(기능, 효과, 이미지 등) ▼	만족 ○	업계를 선도하는 혁신을 추진한다	☐
매장 환경(편한 진입 환경, 인테리어 등) ▼		센스가 좋다	☐
상담(고객 의견 청취, 조언 등) ▼		고객을 위하는 마음이 느껴진다	☐
상품 제안(상품 추천) ▼			
피부관리 체험(기술, 분위기, 효과 등) ▼			

고객 접점을 기점으로 마케팅 전략을 설계해 퍼셉션을 정확하게 파악하는 폴라

크숍을 열어 가설을 다듬은 다음, 고객 설문조사를 통해 정량 조사 결과를 검증했다.

고객 설문조사 항목은 어떠했을까? 설문조사는 고객 충성도를 보여주는 순고객 추천지수 NPS: Net Promoter Score 와 일본에 특화된 NPS인 PSJ Promoter Score Japan 을 기준으로 각 고객 접점의 퍼셉션을 평가했다. 예를 들어 '폴라의 기업 이미지'를 선택하면 고객 경험을 통해 느꼈을 '고급스럽다', '센스가 좋다'와 같은 항목을 선택하게 했다.

퍼셉션 파악에는 교묘함이 필요하다

설문조사 설계도의 오른쪽 끝부분이 사전에 가정해둔 폴라의 퍼셉션이다. 참고로 설문조사를 할 때 퍼셉션이라는 단어가 조사 대상자에게 오히려 혼란을 줄 수 있어서 일부러 '기업 이미지'라는 단어를 썼다. 다만 '어딘지 모르게 귀엽다'나 '분위기가 멋지다'와 같은 인상은 근거 없는 이미지에 불과하다. '보유 기술력이 높다'와 같은 객관적이고 구체적인 인식이 퍼셉션이라는 점에 유의해야 한다.

이 설문조사 설계도는 고객 접점에서 시작했다는 점에서 중요한 의미가 있다. 다시 한번 반복하지만 퍼셉션은 실체Fact, 즉 현상이 있어야 만들어진다. 고객은 경험을 통해 퍼셉션을 형성한다. 따라서 접점을 통해 다가가면 고객은 '그러고 보니 에스테틱 숍에 갔을 때 그랬지'라며 본인의 경험을 떠올리고 당시 불만을 느꼈는지, 만족했는지까지 쉽게 떠올릴 수 있다. 폴라의 설문조사는 그다음 단계로 왜 그런 생각을 했는지까지 퍼셉션의 관점에서 더 깊게 파고 들어갈 수 있도록 설계했다.

폴라는 이 설문조사로 구매 과정에서 어떤 퍼셉션이 생겨 고객이 되는지를 파악할 수 있었다. 그리고 이 정보를 바탕으로 마케

4단계
퍼셉션
파악하기

팅 전략을 추진하면서 동시에 소비자에게 인식시켜야 할 퍼셉션
과 그 과정에서 활용할 언론, 홍보 전략을 퍼셉션 흐름 관찰 모델
에 적용해서 다시 효과를 측정했다.

폴라는 지금도 고객 설문조사를 퍼셉션 모니터링 시스템으로
관리하면서 정기적으로 시행하고 있다. 고객 체험 서비스는 어땠
는지, 그 배경에는 어떤 퍼셉션이 있었는지를 데이터로 정리해 각
부문이 수시로 확인한다. 수집된 고객 데이터는 매장에서 고객상
담을 할 때나 판촉 프로모션을 진행할 때, 마케팅 전략을 평가하
고 최적할 때도 활용한다.

그리고 2020년부터는 사업 전체를 포괄하는 퍼셉션을 측정하
기 시작했다. 앞으로는 본격적으로 사업 활동을 개선하는 시스템
으로 활용할 계획이라고 한다. 고객과 이어지는 실제 접점인 매장
과 인터넷 사이트, 각종 소통 전략 등 다양한 사업 영역을 넘나드
는 연계를 추진해서 퍼셉션을 중심으로 PDCA 사이클*을 실행할
것이다.

새로운 설문조사 방식과 결과에 대한 반응은 매일 고객의 목소
리를 듣는 현장 직원들 사이에서 더 뜨겁다. 사업 전체에서 활용
할 수 있는 통일된 고객 조사 시스템을 마련했으니 그다음은 매

---

*   Plan(계획) – Do(실행) – Check(평가) – Act(개선) – 편집자 주

장 직원들의 교육을 포함해 판매 현장에 결과를 반영하는 시스템을 구축할 차례다.

일본 기업들은 최근에서야 폴라처럼 퍼셉션 측정에 나서기 시작했다. 퍼셉션 측정은 지금까지 해왔던 이미지 조사를 대체하는 개념이 아니다. 폴라의 사례처럼 디지털 전환이나 고객 중심의 구조 개혁을 추진하는 상황에서 본질적인 기업 가치를 파악하는 지표로 활용해야 한다.

아지노모토의 냉동만두는 가사분담이다

식품 제조업체 아지노모토AJINOMOTO의 냉동식품은 한때 일본 인터넷을 뜨겁게 달궜던 '냉동만두 논쟁'을 통해 냉동식품에 대한 퍼셉션을 뒤집었다.

4단계
퍼셉션
파악하기

계기는 한 여성이 트위터에 올린 짧은 글이었다. 저녁 식탁에 올라온 구운 냉동 만두를 보고 아이가 맛있겠다고 좋아하자 "(냉동만두를 쓰는 건) 가사 태만이야"라고 말한 남편의 반응을 재치 있게 적은 글이었다. 이 글이 예상외로 13만 개가 넘는 '좋아요'를 받으며 큰 화제를 모았다.

글이 화제가 되자 아지노모토 냉동식품은 자사 공식 계정으로 냉동만두 이용은 '가사 태만이 아니라 가사 분담'이라는 글을 올려 의견을 밝혔고, 이 사건을 계기로 냉동식품에 대한 퍼셉션을 바꿀 수 있었다. 아지노모토 냉동식품은 냉동만두 논쟁이 일단락된 후에 SNS 조사를 통해 실제 냉동식품에 대한 소비자의 퍼셉션이 어떻게 변했는지를 측정했다.

공식 계정으로 올린 첫 트윗은 44만 개의 '좋아요'를 받았고, 팔로워 수도 약 4,000명으로 늘었다. 또한 트위터에서 '냉동만두'를 언급한 트윗의 수가 약 50만 건에 달했다. 이것이 냉동만두 논쟁으로 얻은 정량적인 초기성과다.

이 논쟁에 대한 세상의 반응은 어땠을까? 정성적으로는 '아지노모토와 함께 요리한 만두라고 생각하니 기분이 좋았다'라는 긍정적인 반응이 나왔다. '가사 분담'이라는 표현을 언급한 트윗이 무려 20만 건이나 늘었고, 냉동만두에 대한 호의적인 트윗도 세 배나 늘었다.

이 자료를 바탕으로 '냉동만두 논쟁'이 불러온 영향을 검증해보면 긍정적인 트윗의 비율은 약 1.4배나 늘었고, 냉동만두와 '가사 태만이 아니라 가사 분담'이라는 표현을 언급한 횟수도 늘었다. 결과적으로 '냉동(만두)식품은 가사 태만의 상징'이라는 퍼셉션은 '냉동(만두)식품은 가사 부담을 줄여주고 다른 일을 할 수 있는 시

아지노모토 냉동식품【공식】
@ff_ajinomoto

···

냉동만두를 이용하는 것은 '가사 태만'이 아니라 '가사 분담' 입니다!
공장이라는 '큰 주방'에서 채소를 썰고 고기를 다져 속을 만들고, 만두를 빚는 힘든 '일'을 주부님들 대신 저희가 정성을 다해서 하고 있습니다. (중략)

오후 10:02 2020년 8월 6일 Twitter Web App

아지노모토 냉동식품은 자사의 트위터 공식 계정으로 냉동식품 이용은 '가사 태만이 아니라 가사 분담'이라는 내용의 글을 올렸다. 결과적으로 요리하기 귀찮아서 냉동식품을 이용한다는 퍼셉션을 지울 수 있었다

간을 만든다'라는 퍼셉션으로 변했다. '가사 분담'이라는 말에 공감하는 비율이 30%나 늘었고 냉동식품에 대한 퍼셉션은 긍정적으로 변했다.

아지노모토 냉동식품은 냉동만두 논쟁을 계기로 냉동식품 카테고리의 퍼셉션 체인지가 발생하자, 이 기회에 시장조사를 확대해 세상에 퍼져 있는 냉동식품에 대한 일반적인 퍼셉션을 파악하기로 했다.

4단계
퍼셉션
파악하기

정기적 브랜드 조사로는 보이지 않는 것 :

아지노모토 냉동식품이 본격적으로 퍼셉션 체인지의 효과 측정을 시작한 또 한 가지 이유는 사내 직원들의 제안 때문이었다. PR 활동을 진행하는 과정에서 직원들 사이에 소비자가 실제로 자사의 활동을 어떻게 생각하는지 변화를 파악하고, 그 결과가 회사 브랜드에 어떤 영향을 미치는지를 제대로 검증해야 한다는 의견이 나온 것이다.

아지노모토 냉동식품은 원래 브랜드 조사를 일 년에 한 번 실시했었다. 정기적인 브랜드 조사 자체는 많은 기업이 일반적으로 하는 조사로, 브랜드의 '건강검진'이라고 볼 수 있다. 매년 소비자에게 같은 항목의 질문을 해서 브랜드에 대한 인상이 나빠지지 않았는지를 확인한다. 이 조사는 시간의 흐름에 따른 경향을 파악하는 조사이기 때문에 기본적인 설계는 바꿀 수 없다.

아지노모토 냉동식품은 우선 시험 삼아 정기 브랜드 조사에 자사가 앞으로 얻고 싶은 이미지 항목을 추가해 보았다. 하지만 조사 대상자가 주는 점수의 정의와 이미지 항목의 수준을 맞추기 어려웠고, 추진 전략과 점수의 상관관계도 명확하게 드러나지 않았다.

'냉동만두 논쟁' 이후 요리에 대한 가치관이 어떻게 변했는지, 인터넷 이벤트를 통한 PR 활동으로 소비자의 퍼셉션이 어떻게 달라졌는지를 장기적으로 살펴볼 수 있는 정기적인 조사 계획이 없어서 PR 활동이 최종적으로 브랜드에 어떤 도움을 주었는지, 사업에 어떤 공헌을 했는지 파악할 수 없었다.

이에 PR 활동의 성과를 가시화해서 데이터를 축적하고, 그 결과를 향후 소통 전략에 활용할 수 있도록 기존에 연 1회 실시했던 정기 브랜드 조사와는 별도로 세분화한 조사를 시행하기로 했다. 해당 조사는 1년에 여러 차례, 인구 변동에 따라서 실시했다.

아지노모토 냉동식품의 조사는 냉동식품 카테고리 안에 있는 경쟁사나 경쟁 식품이라는 좁은 범위에서 벗어나 '애초에 사람들이 냉동식품을 어떻게 생각하는가?'라는 넓은 관점을 적용했다는 점에서 특별하다. 회사는 코로나19로 냉동식품 카테고리가 급성장하면서 마케팅 환경이 크게 변했다는 상황도 염두에 두고 일상생활에서 일어난 냉동식품의 퍼셉션 변화를 조사했다.

조사를 통해 확인해야 할 사항은 다음의 세 가지였다.

4단계
퍼셉션
파악하기

- PR이라는 중립적인 시점에서 소비자의 실태 파악
- 디지털 커뮤니케이션의 대상 확정
- 커뮤니케이션 내용(메시지)이 제대로 전달되었는지 확인

일반적으로 제조업체가 하는 조사는 상품이나 서비스의 개발을 위해서일 때가 많다. 그러다 보니 어쩔 수 없이 업체의 관점에서 '이런 소비자 니즈가 있을 것이다'라는 가설을 세워놓고 검증 과정을 설계하기 마련이다. 하지만 아지노모토 냉동식품은 (냉동식품에 대한) 일반사람들의 솔직한 마음을 파악하기 위해 업체가 아닌 중립적인 시점에서 세운 가설을 조사에 적용했다.

또한 질문 항목에 대한 응답지를 촘촘하게 설정해서 결과의 정밀도를 높였다. 예를 들면 단순히 언론을 통한 접촉량만을 측정하는 것이 아니라 소비자가 가진 퍼셉션과 소비자의 발언 사이의 상관성을 더 명확하게 조사했다.

다만 이 책을 집필하던 시점은 아지노모토 냉동식품이 조사를 처음으로 시행했던 시기였다. 따라서 '냉동만두 논쟁'을 계기로 전달한 메시지가 소비자의 행동으로 나타나고 시간의 흐름에 따라 행동 변화를 파악하는, 다시 말해 구체적인 사업성과에 대한 공헌도를 분석하려면 시간이 조금 더 걸릴 듯하다.

이 조사는 엄밀히 말해 소비자의 인식이 아지노모토 냉동식품이라는 기업과 자사 상품에 도달하기 전 단계를 조사한다.

- 냉동식품에 대한 전반적인 이미지
- 메시지(캐치프레이즈)의 인지도와 공감도
- 기업의 이미지

쉽게 말해 위 사항들을 조사해서 냉동식품에 대한 보편적인 퍼셉션을 알아내는 첫 번째 단계일 뿐이다. 하지만 아지노모토 냉동식품은 이번 조사로 냉동식품에 대한 세상의 인식을 파악했고, PR 활동을 비롯한 다양한 전략의 우선순위와 반드시 추진해야 하는 전략이 무엇인지도 명확해졌다며 만족해했다.

또한 PR 활동이 사업의 성과로 이어졌는지를 파악해야 했던 아지노모토 냉동식품은 퍼셉션을 정량화하자 사내에서도 본격적으로 마케팅 전략이 논의되기 시작했다고 한다. 앞으로도 꾸준히 조사하다 보면 퍼셉션 측정을 마케팅 전략에 활용한 성공적인 사례가 될 것이다.

4단계
퍼셉션
파악하기

롯데, 껌의 퍼셉션을 조사하다

아지노모토 냉동식품과 마찬가지로 대형 제과업체 롯데도 마케팅 관점에서 '추잉껌'의 퍼셉션을 측정했다. 껌은 롯데가 창립 때부터 제조하고 판매해왔던 주력 상품이다. 하지만 껌 시장은 2004년부터 계속 축소되고 있다. 거기에 더해 코로나19 팬데믹까지 벌어졌으니 현재의 시장 상황이 어떨지는 불 보듯 뻔하다.

사람들이 껌을 잘 씹지 않게 된 이유는 여러 가지로 추측해볼 수 있다. 우선 '배를 채워주는 과자가 아니라서 언제 필요한지 잘 모르겠다', '버리는 일이 귀찮다'와 같은 부정적인 이미지가 있다. 또한 스마트폰이 대중화되면서 남는 시간을 보낼 수단이 생기자 예전처럼 입이 궁금해서 껌을 찾을 일이 없어졌고, 자동차를 운전하는 사람이 줄어서 졸음방지용 껌의 니즈도 감소하는 등 복합적인 요소가 작용했을 것이다.

어떤 요인이든 니즈가 감소했다는 잔인한 현실 앞에서는 브랜드의 매력을 아무리 어필해도 소비자의 마음을 움직일 수 없다.

이런 상황에서 롯데는 오래전부터 껌이 가진 특유 가치인 '저작운동(씹기)'에 관한 연구와 의식 계몽을 위해 노력해왔다. 껌은 단순한 기호식품이 아니라 저작운동을 통해 집중력을 높여주고, 입속 청결을 유지해주는 건강식품이라는 가치와 증거를 소비자에게 전달했다. 이런 노력을 통해 소비자의 행동 변화를 일으켜 껌을 즐기는 고객층을 확대할 계획이었다.

하지만 롯데는 정작 어떤 퍼셉션을 형성해야 새로운 고객을 확보할 수 있을지 전략의 구체적인 목표를 정하지 못해서 고심했다. 어떻게 하면 소비자가 가진 현재 퍼셉션을 파악할 수 있을까? 어떤 목표를 설정해야 행동을 변화시킬 수 있을까? 롯데는 우선 껌에 대한 퍼셉션을 측정해서 껌 시장을 정리하고 공략할 대상을 명확히 하기로 했다.

퍼셉션 측정 조사는 (1)대상 선별Screening을 위한 **사전 조사**와 (2)정량적 결과를 파악하는 **본조사**로 나누어 실시했다. **사전 조사**에서는 껌을 씹는 소비자가 '저작운동'에 대해 어떤 가치를 느끼는지 직접 듣고 분석해서 스토리(문맥)를 뽑아낸다. 이른바 껌에 대한 '퍼셉션 지도'를 만드는 작업이다.

본조사는 (1)사전 조사에서 추출한 스토리를 소비자에게 보여주었을 때 얼마나 많은 사람이 공감하고 구매하고 싶다고 생각하는지, 즉 어떤 점을 강조해야 더 많은 사람이 껌을 살지를 찾는 조사다. 같은 목적을 가진 이용자의 규모가 어느 정도인지 시장 잠재력을 예측해서 전략 방침을 정량적으로 검토하는 조사로 시장의 잠재력과 그 규모를 측정하는 작업이다.

4단계
퍼셉션
파악하기

【조사 목적】
껌에 관한 고객의 '목표, 과제, 계기, 껌의 가치'에 대해 규모와 경향을 파악해 잠재력 있는 스토리를 정리한다.

【조사 · 분석 수법】
인터넷 시장조사

【조사 일정】
2021년 9월 7일(화)~9월 14일(화)

【대상자 조건】
(1) 사전 조사(A, B, C)
 • 전국
 • 15세~69세 남녀

(2) 본조사(정량)
 • 전국
 • 15세~69세 남녀
 • 현재 껌을 씹거나 과거에 씹어 본 적이 있는 사람

【설문 수】
(1) 사전 조사 15문항
(2) 본조사 20문항

【회수】
 • SC 조사 응답자 수 18,131ss
  (데이터 회수 후 부적합한 응답자는 제외)

【WB】
실제 인구 구성에 맞춰 가중치를 적용해 집계했음.

롯데는 2단계로 나누어 조사를 실시해서 껌 카테고리의 퍼셉션을 분석했다

우선 (1) **사전 조사**부터 구체적으로 살펴보자. 사전 조사는 인터넷 설문조사를 통해 조사 대상자가 자유롭게 의견을 기술하는 방식으로 실시했다. 전국의 15~69세 남녀 300명을 (A) 다른 카테고리에서 껌으로 이동한 사람, (B) 다른 카테고리와 껌을 함께 이용한 사람, (C) 껌에서 다른 카테고리로 이동한 사람으로 나누고

각각의 행동 변화를 조사해 표로 정리했다.

그다음 사전 조사를 통해 얻은 실제 소비자의 의견을 여러 담당자가 보고 어떤 고객 여정Customer Journey을 거쳤는지를 분석해서 소비자가 껌에 대해서 느끼는 가치와 그 가치를 깨닫기까지의 사고 과정을 뽑아내 그 요소를 다시 네 가지 항목으로 나눴다.

【고객 여정의 네 가지 요소와 응답 사례】
- 목표: 다른 사람 앞에서 자신의 마음이나 생각을 드러내고 싶다.
- 과제: 발음이 좋지 않아서 또박또박 말하기가 힘들다.
- 계기: 발음이 좋지 않다는 사실을 깨닫고 나자 고치고 싶다고 생각했다.
- 가치: 저작운동이 발음 개선에 도움이 된다.

롯데는 사전 조사를 통해 300명의 자유 응답자로부터 33가지 유형의 스토리(가설)를 추출했다. 그리고 이 가설을 (2) **본조사** 질문에 반영했다.

4단계
퍼셉션
파악하기

본조사도 인터넷 설문조사를 통해 전국에 있는 15~69세 남녀 약 2,500명을 대상으로 진행했다. 본조사에서는 앞 조사에서 추출한 33가지 유형의 스토리(가설)를 활용해 과제의 경향과 중간 소비층Volume Zone, 과제의 심각성을 측정하고 과제의 우선순위와 마케팅 대상층을 정리했다.

그다음 가장 많은 사람의 공감을 부를 스토리 기준을 일곱 가지 항목으로 설정하고, 기준에 따라 정량적인 수치를 계산해 어떤 퍼셉션의 가치가 가장 높은지를 확인했다.

【공감을 부르는 스토리의 선정 기준 7】
① 목표의 규모: 같은 목표를 가진 사람, 공감하는 사람이 얼마나 있는가?
② 과제에 대한 공감도: 목표 달성을 방해하는 생활 과제에 공감하는 사람이 얼마나 있는가?
③ 과제를 위한 소비 의사: 돈을 써서라도 해결하고 싶은 과제인가?
④ 과제의 화이트 스페이스 여부: 이미 해당 과제 해결에 나선 경쟁사가 있는가?
⑤ 계기의 체감: 일반적인 상황에서 가치를 느낄 수 있는 과제인가?
⑥ 해결 결과 인정: 껌으로 해결할 수 있다는 점을 인정하는가?
⑦ 껌의 가치 기억: 스토리에서 느꼈던 껌의 가치가 기억에 남는가?

마지막으로 이 일곱 가지 항목에 대한 점수의 편차치를 계산해 합계를 내고 종합 순위를 매겨 표로 작성했다.

종합 순위에서 1위를 차지한 목표(실현하고 싶은 일)는 '나이가 들어도 내 일은 내가 하고 싶다'였다. 이 목표가 나오기까지의 스토리를 살펴보면 뇌의 노화가 걱정되지만 손쉽게 실천할 수 있는 예방책이 없다는 과제가 있었고, 이와 관련해 '저작운동이 뇌 활성화에 좋다'라는 사실을 인식하면 '씹는 행동이 뇌 활성화에 도움이 된다'라는 가치를 깨닫게 되었다.

설문조사에 응한 사람 대부분이 이 가치에 공감했다. 게다가 기꺼이 돈을 써야 할 과제로 생각했고 껌 말고 다른 것으로는 실천하기 어려운, 즉 껌으로만 실천할 수 있다는 평가를 받았다.

순위를 작성해 보니 어떤 퍼셉션을 부여하면 더 많은 사람이 껌을 찾고, 구매할지가 명확해졌다. 다만 종합 순의 상위에 오를 정도로 목표의 규모는 커도 정작 소비자의 공감은 얻기 힘든 퍼셉션도 있으니 일곱 가지 판단 기준 중에 어떤 항목의 점수를 우선할지는 항목을 복합적으로 살펴보고 판단해야 한다. 또한 한 사람이 하나의 퍼셉션이 아니라 여러 가지 퍼셉션을 가질 수도 있다. 따라서 종합 순위만이 아니라 복합적인 관점에서 수치를 검토해야 한다.

'어떤 퍼셉션을 구축해야 새로운 고객을 확보할 수 있을까?'

4단계
퍼셉션
파악하기

롯데는 이 과제를 두고 마케팅을 성공으로 이끌 최선의 방안을 찾기 위해 먼저 껌 카테고리 전체의 퍼셉션을 조사했다. 그 결과는 마케팅뿐만 아니라 광고와 PR 전략에도 활용할 수 있다. 이처럼 상품과 서비스 카테고리 자체에 어떤 퍼셉션이 형성되어 있는지를 과학적으로 조사하면 다음에 추진할 전략이 보인다.

이제 왜 퍼셉션을 측정해야 하는지 이해했는가? 마지막으로 첫 부분에서 언급한 세 가지 측정법을 구체적으로 살펴보자. 퍼셉션을 측정할 때는 우선 이 세 가지 방법을 활용해 조사하고 종합적으로 판단해야 한다. 그 후 목적에 따라서 어떤 방법을 중점적으로 조사할지 조정한다.

소비자 퍼셉션 조사는 소비자를 대상으로 인터넷 설문조사를 실시해 실제 소비자의 인식을 파악하는 방법이다. 이때 설문 문항은 특정 상품과 기업, 브랜드에 대한 퍼셉션을 파악할 수 있는 방향으로 작성한다. 대상을 알고 있는지 확인하는 질문이 아니라 '소비자의 인식이 당신이 목표하는 퍼셉션과 같은지'를 알아내는 질문이어야 한다는 점을 명심해야 한다.

만약 매출 증대와 같은 단기적 마케팅이 목적이라면 퍼셉션 체인지의 역할을 명확하게 정의한 후에 마케팅 활동 전후로 소비자 퍼셉션 조사를 시행하는 것이 가장 합리적이다. 조사를 통해 퍼셉션 체인지가 불러온 **Before & After** 효과를 분석하는 것이다.

예를 들어 한 기저귀 브랜드는 높은 흡수력을 자랑하는 제품을 홍보하기 위해 육아 중인 어머니들에게 '아기의 수면은 보살핌이 필요하다'라는 퍼셉션을 형성하고자 했다. 이때 이 업체는 퍼셉션 체인지의 효과를 매출이 아니라 홍보 캠페인 전후로 아기를 키우는 어머니들에게 '아기의 수면은 중요하다', '수면은 보살핌이 필요하다'라는 인식이 얼마나 생겼는지로 측정했다.

그 결과 육아에서 수면이 중요하다고 생각했던 사람이 처음에는 29% 정도였지만, 홍보 캠페인 후에는 51%까지 상승했다. 불과 3개월 만에 무려 20% 포인트나 상승했고, 40만 명에 가까운 어머니들의 퍼셉션을 바꿔놓았다는 사실을 확인할 수 있었다.

다음 방법은 **언론 의견 청취**다. 퍼셉션을 형성할 때 언론과 대중 매체가 큰 역할을 담당한다는 사실은 이미 앞에서 설명했다. 언론 의견 청취는 소비자의 인식 형성을 담당하는 언론과 대중 매체의 정성적 의견을 파악하는 방법이다. 구체적으로는 잡지 편집자나 저널리스트, 방송 디렉터와 같은 언론 관계자들의 의견을 듣고 퍼셉션 형성의 매개로 작용하는 언론이 애초에 자신들이 의도한 방향대로 인식했는지, 아니면 그 인식을 받아들였는지를 파악한다. 이때 조사 방법의 하나로 키워드를 이용할 수 있다. 이와 관련해 3년에 걸쳐 퍼셉션 변화를 조사한 일본의 화학업체 카오KAO의 사례를 살펴보자.

4단계
퍼셉션
파악하기

카오는 휴먼 헬스케어 분야에서 젊은 여성들에게 '혈액 순환을 개선하면 미용 효과가 있다'라는 퍼셉션을 형성하고자 했다. 입욕

제 '바브'와 증기 온열 시트(핫팩) '메구리즘' 시리즈의 홍보를 위해서였다. 하지만 당시 혈액 순환이라고 하면 대부분은 노년층의 건강법을 떠올렸다.

퍼셉션 조사를 시작했을 무렵에는 이미 혈액 순환 개선에는 항상 고지혈증이라는 이미지가 따라붙어 있었다. 2000년부터 혈액 순환과 관련해 언론에 '끈적한(피)'과 '깨끗한(피)'이라는 키워드가 자주 등장해 정착하다 보니 도저히 혈액 순환과 미용을 연관지어 생각하기 어려운 상황이었다. 하지만 카오는 포기하지 않았다. 우선 퍼셉션 체인지를 위해 〈혈액 순환 연구회〉라는 계몽 단체를 설립하고 미용 전문가나 미용 관련 잡지와 연계해 PR 활동을 추진했다.

또한 정기적으로 설문조사를 통해 '혈액 순환'이라는 말을 들었을 때 떠오르는 키워드를 조사해서 PR 활동과의 상관관계와 다양성을 시간에 흐름에 따라 검증했다. 그 결과 처음 PR 활동을 시작했을 때는 혈액 순환이라는 말을 듣고 '혈액순환 불량, 끈적한 피와 깨끗한 피, 열 오름'과 같은 표현을 떠올렸지만, PR 활동이 2년째에 접어들었을 때는 '미용, 기초대사, 냉증'과 같은 표현을 떠올리는 사람이 조금씩 나타나기 시작했다. 카오가 여성 잡지에서 혈액 순환과 함께 언급했던 표현들이었다. 그리고 3년째에는 퍼셉션 변화가 더 명확하게 나타났다. '여성에게 나타나는 특유의

증상, 미와 건강의 원천, 화장이 잘 먹는 피부'와 같은 키워드가 눈에 띄게 늘었고, 반대로 조사 초기에 보였던 '끈적한 피'와 같은 키워드는 어느새 사라지고 없었다.

마지막 방법은 **SNS 조사**다. 다른 말로는 SNS 모니터링이나 소셜 리스닝이라고도 한다. SNS 조사는 주로 트위터와 같은 소셜 플랫폼에 올라온 내용을 분석하는 방법이다. SNS에 올라온 소비자의 생생한 의견 중에 자사의 상품이나 브랜드에 관한 글을 텍스트 마이닝 기술Text Mining*을 이용해 분석하면 퍼셉션의 형성 여부를 확인할 수 있다.

물론 퍼셉션의 효과를 측정하는 일은 쉽지 않다. 하지만 마케팅 활동이나 기업 활동의 전체상을 파악해야 하는 마케팅·홍보 담당자라면 반드시 해야 할 일이다. 이 점을 꼭 기억해 두자.

* 데이터에서 통계적 의미가 있는 개념을 추출해서 정보화하는 기술 - 역자 주

PERCEPTION

퍼셉션 활용하기

사내 홍보와 상품 개발에도 사용할 수 있다

MARKETING

지금까지 마케팅에 퍼셉션을 활용하는 방법 중 '만들기, 바꾸기, 지키기, 파악하기'라는 네 가지 단계를 설명했다. 지금부터는 5단계 활용의 마지막 주제, **'활용하기'**에 대해서 알아볼 차례다. 퍼셉션을 응용하는 방법과 그 범위에 관한 내용을 다룰 것이다.

지금까지는 주로 마케팅 관점에서 퍼셉션을 이해하고 어떻게 하면 마케팅 활동에 활용할 수 있을지를 설명했다. 하지만 나는 퍼셉션이라는 개념과 발상을 마케팅뿐만 아니라 비즈니스 전체에서 활용할 수 있다고 생각한다. 그런 의미에서 이번 5단계는 퍼셉션의 〈응용편〉이라고 생각해주기를 바란다. 퍼셉션을 응용할 수 있는 분야는 크게 두 가지로 나눌 수 있다.

- 소통 대상 확대
- 혁신

5단계
퍼셉션
활용하기

먼저 **소통 대상 확대**에 관한 이야기부터 시작하자. 소통(커뮤니케이션)의 대상을 다른 말로 하면 '스테이크홀더 Stake-holder'이며, 마케팅과 홍보, PR 분야의 타깃을 가리키는 기업의 이해관계자를 의미한다. 첫 부분에서 설명했듯이 요즘은 '멀티 스테이크홀더 Multi stake-holder' 시대다. 기업이나 브랜드에 연관된 사람들이 매우 복잡하고 다양해졌으며, 이해관계자들도 서로 정보를 교환한다. 따라서 현재는 모든 이해관계자와의 거짓 없는 소통이 무엇보다 중요하다.

마케팅 활동에서 말하는 소통의 대상은 당연히 고객과 이용자다. 하지만 멀티 스테이크홀더 시대의 마케팅 활동에서는 직원과 주주처럼 지금까지 직접적인 소통의 대상으로 보지 않았던 대상도 고려해야 한다.

또한 이해관계자와 별도로 다른 문해력과 가치관(국가와 문화, 사회, 종교 등)을 가진 사람이나 소수자 LGBTQ까지 고려하는 다양성도 갖춰야 한다. 세상의 경계는 점점 허물어지고 있다. 해외 마케팅과 전 세계를 대상으로 한 홍보 활동에서 상대의 개성을 존중하지 않는 포괄적인 소통은 이제 더 이상 통하지 않는다.

소통 대상 확대란 즉 다양한 이해관계자, 다른 문화, 다른 가치관에 대응하는 일을 의미한다. 이와 관련해 소통 대상 확대에 성공한 사례 두 가지를 살펴보자. 정체된 사내 환경을 개선하기 위해 퍼셉션을 응용한 IT회사 NTT 데이터와 인도에서 전통 양조간장의 인지도 향상에 나선 기꼬만의 사례다.

NTT 데이터의 사내 혁신

NTT 데이터는 일본을 대표하는 시스템 통합업체System Integrator인 동시에 일본 국내외에 300개가 넘는 자회사를 가진 세계 최대 수준의 IT 기업으로 그룹 전체 직원 수는 13만 명 이상에 달한다.

NTT 데이터는 직원들의 관여도Engagement 향상을 위해 내부 소통Internal communication에 퍼셉션을 응용한 바람직한 사례를 보여준다. 2017년부터 사내 혁신을 위해 다양한 노력을 해왔지만, 기대만큼의 성과를 올리지 못했던 NTT 데이터는 정체된 상황에서 벗어날 방법으로 퍼셉션을 선택했다.

현재 NTT 데이터가 일본에서 추진하는 사업은 크게 '공공·사회 기반, 금융, 법인·솔루션'으로 나눌 수 있는데, 그중 '법인·솔루션' 분야에서 일하는 직원 약 3,000명의 관여도 향상을 위해 퍼셉션을 활용한 것이다.

사실 3,000명이나 되는 직원들을 기업이 원하는 방향으로 움

5단계
퍼셉션
활용하기

직이게 만드는 일이 쉬울 리가 없다. 커뮤니케이션 디자인 담당 부장의 말에 따르면 NTT 데이터도 2017년부터 직원들의 관여도 향상을 위해 다양한 전략을 추진했지만 처음 3년간(2017~2019년)은 생각만큼의 성과가 나오지 않았다고 한다.

특히 직원들에게 중장기적인 기업 혁신의 비전을 이해시키는 일이 어려웠다. NTT 데이터는 10년 후를 목표로 'Trusted Global Innovator(신뢰받는 세계적인 혁신기업)'가 되겠다는 전사 통합 비전을 내걸었고, 법인·솔루션 사업 부문도 이에 맞춰 'Trusted Digital Partner(신뢰받는 디지털 파트너)'라는 새로운 사업 비전을 세웠다. 또한 비전 실현을 위해 '고객 혁신 분야에 주력해서 사업 성장에 공헌한다, 업무와 첨단 기술의 전문성을 융합해 고부가가치를 제공한다, 업무와 첨단 기술 분야의 전문가를 지향하며, 고객을 선도하는 마음가짐과 문화를 육성한다'와 같은 목표도 설정했다.

2017년 당시 법인·솔루션 사업 부문이 고민하던 인사 관련 과제는 이직자 증가와 인재 확보, 근로 시간에 따른 직원의 건강과 안전 문제, 근무방식 개혁이었다. NTT 데이터는 중장기적인 비전을 직원들에게 이해시키려면 우선 이 과제들을 해결하고 관여도를 올려야 한다고 판단했다.

NTT 데이터가 추진한 구체적인 대응책은 다음과 같다. 근로 시간 단축, 원격근무 확대, 복장 자율화와 거점 오피스Satellite Office 이용, 펄스 서베이 Pulse Survey*를 통해 직원의 건강 상태 체크, 라인 웍스나 마이크로소프트의 팀즈와 같은 온라인 커뮤니케이션 시스템 도입, 중간 관리자 대상 연수 등이다.

또한 직원 만족도Employee Satisfaction 조사를 시행해 관여도 점수를 산출하고 모니터링했다. 2017년도에 실시한 첫 직원 만족도 조사 결과를 보면 관여도 점수는 55.3이었고, 종합 만족도인 회사 만족도는 3.6, 업무 만족도는 3.4, 상사 만족도는 3.4, 직장 만족도는 3.3이었다. 참고로 당시 타사 평균 수치는 관여도 점수가 50.0, 회사 만족도는 3.3, 업무 만족도는 3.4. 상사 만족도는 3.4, 직장 만족도는 3.4 수준이었다.

NTT 데이터는 2017년을 시작으로 총 3회의 관여도 조사를 실시했으며, 이 결과를 만족도 향상 전략의 효과를 측정하는 지표로 활용했다.

3년간 꾸준히 노력한 결과 일부 조직의 관여도가 오르는 움직임이 나타나기 시작했다. 사내 홍보 전문 기업 위즈웍스Wizworks가 사내 간행물을 대상으로 주최한 〈사내보 어워드 2020〉에서 사내 인트라넷에 공개한 사내보가 웹/앱 사내보 부문에서 그랑프리

5단계
퍼셉션
활용하기

---

* 짧은 주기로 진행하는 간단한 설문조사 - 역자 주

	관여도 점수	회사 만족도	업무 만족도	상사 만족도	직장 만족도
2017	55.3	3.6	3.4	3.4	3.3
2018	55.3	3.6	3.3	3.5	3.3
2019	54.2	3.6	3.3	3.5	3.3

NTT 데이터는 2017년도부터 직원들을 대상으로 회사에 대한 만족도 조사를 실시했다. 만족도 향상을 위해 다양한 노력을 기울였지만, 2020년 시점까지도 눈에 띄는 변화는 없었다

를 수상하며 외부에서도 높은 평가를 받기도 했다. 다만 이런 노력을 기울였어도 조직 전체의 관여도 점수에 큰 변화는 없었다. 2017년도에는 55.3, 2018년도에도 55.3, 2019년도에는 54.2였고, 종합 만족도 수치는 거의 제자리걸음 수준이었다.

이 시점에서 그동안의 전략을 점검해보면 두 가지 문제를 지적할 수 있다. 먼저 점수를 기준으로 삼으면 점수를 올리는 일 자체가 목적이 되어 버리기 쉽다. 그리고 직원 혜택을 늘리는 대책만으로는 효과를 보기 힘들고, 그 효과가 오래 이어지지도 않는다는 새로운 문제점도 드러났다.

여기서 변화를 회사 전체로 확산시키지 못한 요인을 지난 3년간 기본적으로 사업본부·사업부·총괄부·부서·담당자와 같이

사업 활동의 기준이 되는 '조직' 단위로 전략을 추진했기 때문이라고 분석했다. 조직별로 관여도 향상에 대한 현 상황과 향후 과제를 인식하는 정도에 차이가 있다 보니 회사가 추진하는 전략의 의도를 이해하지 못하는 직원들이 있었던 것이다. 실제로 '점수만 올리면 되는 건가요?', '조직별로 현재 상태가 달라서 일률적으로 말하기 힘듭니다'라는 의견이 있었다고 한다.

그래서 2020년부터는 다음과 같이 방향을 수정했다.

다수	➡	개인
조직 단위	➡	계층 Layer
사내 중심	➡	사외 포함
바꾸기 편한 부분	➡	건드리기 어려운 부분까지 포함
끌어주기	➡	지원하기
부여하기	➡	선택하기
마지막까지	➡	마지막까지 (이 부분은 변동 없음)

수정 방향의 포인트는 조직이 아니라 각각의 직원(개인)이 처한 상황으로 눈을 돌렸다는 점이다. 또한 비전에 대해 직원들이 가진 퍼셉션을 5단계로 나누어 만족도를 측정하는 지표로 삼고, 단계별로 다른 전략을 적용하기로 했다.

직원의 퍼셉션도 분류할 수 있다!

구체적으로 살펴보자면 직원들의 관여도 상태를 다음과 같이 5단계로 분류했다. 이를 '관여도 스테이지 Engagement Stage'라고 부른다.

- **행동**: 비전을 향해 스스로 행동하는 단계
- **공감**: 회사의 전략과 방침, 노력에 공감(수긍)하는 단계
- **이해**: 회사의 전략과 방침, 노력을 올바르게 이해한 단계
- **인지**: 회사의 전략과 방침, 노력에 대한 개요를 이해한 단계
- **무관심**: 회사의 전략과 방침, 노력에 관심이 없는 단계

회사에 대해 긍정적인 퍼셉션을 가지고 비전에 깊이 공감하며, 비전에 따라 능동적으로 행동하는 직원은 가장 상위인 **행동 단계**에 들어간다. 그 아래로 회사의 전략과 방침을 이해하고 공감하는 정도에 따라 단계를 나눴다. 이때 관여도 스테이지는 근속연수나 직책과 반드시 비례하지 않는다는 생각을 바탕에 두었다. 조직의 책임자라도 무관심 단계에 속할 수 있고, 신입사원 중에도 회사의 비전에 깊이 공감하고 행동하는 사람이 있을 수 있다.

직원들이 어느 단계에 속하는지를 판단할 때는 앞에서 언급했던 직원 만족도ES 조사의 응답 결과를 활용했다.

참고로 NTT 데이터가 2020년에 독자적인 방법으로 단계별 비율을 계산해보니 **행동** 21%, **공감** 30%, **이해** 24%, **인지** 9%, **무관심** 16%라는 결과가 나왔다. 관여도가 높은 단계에 속한 직원이 무려 75%에 달한 것이다.

NTT 데이터는 퍼셉션을 활용해 직원들의 단계를 끌어올리는 방향으로 전략의 목표를 수정했다. 조직 단위가 아니라 단계별로 직원들을 위한 커뮤니티를 만들고, 해당 커뮤니티의 관여도 상태에 맞춘 방안을 선택적으로 제공했다.

예전에는 직원들에게 제공하던 콘텐츠를 특별히 구분하지 않았지만, 새로운 전략에 따라 콘텐츠를 '비전 실천하기(**행동·공감 단계**), 동료 이해하기(**공감·이해 단계**), 조직과 솔루션을 파악하기(**이해·인지 단계**), 필독/기록하기(**인지·무관심 단계**)'로 나누어 단계별 맞춤 콘텐츠를 제공하기로 했다.

예를 들어 일본의 경제 전문 미디어 〈NewsPicks〉가 제공하는 사내용 정보 공유 서비스 NewsPicks Enterprise의 도입을 들 수 있다. NewsPicks Enterprise는 기업별 특성에 맞춰 제작된 뉴스 애플리케이션으로 사내외 정보 공유와 의견 교환을 촉진하는 서비스다. NTT 데이터는 이를 활용해서 사내에 내부자 전용 커뮤니티를 만들고 **행동·공감 단계**에 있는 직원들을 모았다. '비전 실천하기'라는 목적을 가진 직원들이 모여 다양한 뉴스와 기사를 접하고 서로 정보를 교환하면서 자극을 받아 새로운 행동으로 이어가는 시스템을 구축한 것이다.

관여도 스테이지 응용하기

자사에 대한 퍼셉션을 활용해서 관여도 스테이지를 파악하는 방법은 고객이나 투자자를 대상으로 한 CRM(고객관계관리) 시스템에도 응용할 수 있다. 앞에서 설명한 관여도 스테이지의 5단계를 고객이나 투자자, 거래처의 상태에 맞춰 수정하면 다음과 같다.

- **행동**: NTT 데이터에 투자하는 단계
- **공감**: NTT 데이터의 디지털화 전략에 장래성을 느끼는 단계
- **이해**: NTT 데이터의 디지털화 전략에 대해 이해한 단계
- **인지**: NTT 데이터가 디지털화를 추진한다는 사실을 인지한 단계
- **무관심**: NTT 데이터의 전략에 관심이 없는 단계

위 단계에 맞춰 적합한 정보를 전달하면 된다. 무관심 단계에 있는 사람은 자사의 전략에 대해 아무리 열심히 설명해도 관심을 보이지 않겠지만, **행동 단계**에 있는 사람은 '당신에게만 특별히 제공한다'라는 점을 강조하면 관여도가 올라간다.

따라서 고객의 관심 정도에 따라 정보를 구분해서 제공하면 CRM 시스템에 응용할 수 있다. 예를 들어 **행동·공감 단계**에 속한 고객에게는 주주총회나 투자자 세미나, 결산 정보를 보내고, **이해·인지 단계**에 속한 고객에게는 공식 SNS나 자사 홈페이지, 이벤트를 통해 NTT 데이터에 대한 이해도를 높인다. 이처럼 퍼셉션은 어떻게 활용하는지에 따라 CRM에도 응용할 수 있다.

또한 직원 한 명 한 명에게 초점을 맞춰 사외에 소개하는 방법을 통해 관여도를 높이는 방법도 있다.

NTT 데이터는 2018년에 기업 직원들을 취재해서 그들의 근무방식과 업무 내용을 소개하는 디지털 사원명부 〈talentbook〉 서비스를 도입했다. 서비스에서 제공하는 양식에 맞춰 이름과 직무를 비롯해 필요한 정보를 입력하면 간단하게 사원 소개 콘텐츠를 만들 수 있다. 이렇게 제작한 콘텐츠는 〈talentbook〉 웹 사이트에 공개되고 사내외 구분 없이 누구나 열람할 수 있다.

〈talentbook〉은 사내보와 같은 사내 전용 미디어가 아니라 사외용 서비스라는 점이 포인트다. 사외 미디어에 공개하는 자료이

5단계
퍼셉션 활용하기

다 보니 취재에 응한 직원들도 자신의 가치관을 사내 기준이 아니라 사외 기준에 맞춰서 생각하게 되고, 이를 지켜본 다른 직원들에게도 자신의 커리어를 진지하게 생각하는 계기가 되었다.

그뿐만 아니라 조직이 커질수록 동료에게 무관심해지는 환경을 개선해 조직 간 교류를 확대할 수도 있다. 실제로 사내 설문조사를 시행해보니 〈talentbook〉에 이름을 올린 직원은 자기긍정감이 높아졌고, 인사 부문과 연계해서 채용 활동에 활용하는 효과도 있음이 드러났다.

NTT 데이터는 IT와 디지털 기술을 활용해 행정이나 금융 서비스와 같은 사회 기반 산업이나 전기·가스 같은 생활 인프라를 뒷받침하는 서비스를 제공하는 기업이다. 그래서 일반인들에게는 어떤 사업을 하는 회사인지 거의 알려지지 않았다. 하지만 직원 한 명 한 명이 콘텐츠가 되어 자신의 스토리를 세상에 전달하는 방식으로 NTT 데이터의 사업 내용을 알릴 수 있었다. 회사가 아니라 개인을 앞세우자 세상이 NTT 데이터를 시스템을 제공하는 벤더 Vendor가 아니라 사업 파트너로 인식하기 시작한 것이다.

NTT 데이터의 도전은 이제 막 시작했을 뿐이고 아직 큰 성과를 내지는 못했다. 하지만 퍼셉션을 효율적으로 이용해 내부 소통을 개선하고 거래처, 투자자, 그리고 세상과의 관계를 좋은 방향으로 이끌기 위한 도전이라는 점에서 주목할 만한 가치가 있다.

기꼬만이 인도에 간장을 파는 방법은? :

사물과 현상을 인식하는 문해력은 세대와 자란 환경에 따라서 달라진다. 그렇다면 전혀 다른 가치관이나 문해력을 가진 그룹을 대상으로 마케팅 전략을 펼칠 때는 퍼셉션을 어떻게 활용해야 할까? 퍼셉션을 활용해 인도에 전통 양조간장 시장을 개척한 기꼬만Kikkoman*의 사례를 살펴보자.

기꼬만은 2021년 2월에 판매 담당 자회사인 기꼬만 인디아를 설립하면서 본격적으로 인도 시장 진출에 나섰다. 당시 도심부를 중심으로 다양한 식문화가 퍼지기 시작한 인도에 향과 감칠맛을 더해주는 양조간장을 소개할 생각이었다.

중장기 비전인 '글로벌 비전 2030'에 따라 자사의 간장을 글로벌 스탠다드 조미료로 만들겠다는 목표를 세운 기꼬만은 신시장 개척 사업의 일환으로 인도를 선택했다. 기꼬만은 먼저 시장조사를 통해 간장을 알릴 계기를 찾고 현지에 정착할 가능성을 가늠해 보았다. 조사의 핵심은 인도 사람들이 생각하는 간장에 대한

---

* 일본 지바현에서 설립된 글로벌 간장 전문 회사. 세계 100여 개 국가에 간장을 판매하고 있으며 데리야키 소스를 처음 만든 것으로도 유명하다. 2023년 기준 시가총액은 약 13조 원에 이른다. - 편집자 주

기꼬만은 2021년 2월에 인도 진출을 선언하고 전통 양조간장 시장 개척에 나섰다

퍼셉션이었다.

하지만 당시 인도에는 간장에 대한 퍼셉션 자체가 거의 없었다. 정확히 말하면 양조간장 같은 일본식 간장에 대한 퍼셉션이 없었고, 기꼬만이라는 브랜드를 아는 사람도 찾아보기 힘들었다.

하지만 간장 자체가 아예 없는 것은 아니었다. 진한 검은색에 걸쭉하고 단맛이 강한 '다크 소이 소스'가 있었다. 싱가포르 치킨 라이스에 들어가는 소스인 다크 소이 소스는 최근 5~7년 사이에 중화요리가 인기를 얻으며 대중화되기 시작했고, 로컬 브랜드도 있을 만큼 도시를 중심으로 꽤 알려져 있었다. 기꼬만은 이미

다크 소이 소스의 이미지가 정착된 인도 시장에서 간장의 퍼셉션 체인지에 도전했다.

여기서 한 가지 묻고 싶다. 당신이라면 간장을 모르는 사람에게 간장이 어떤 조미료인지 어떻게 설명하겠는가? 실물을 보지도, 먹어보지도 못한 사람에게 '콩과 밀, 소금으로 만든 액체 조미료'라고만 설명하면 와닿을 리가 없다.

실제로 간장은 콩과 밀로 만들기는 하지만 양조 과정을 거쳤기 때문에 콩과 밀의 풍미는 느낄 수 없다. 토마토케첩처럼 재료에서 맛을 상상할 수 있는 조미료도 아니다. 따라서 먼저 간장에 대한 '공통 인식'을 어떻게 형성할지 생각하는 것이 먼저다. 다크 소이 소스와의 차이점을 강조하기보다는 전통 양조간장 자체를 어떻게 인식시킬 것인지가 중요한 것이다. 일본간장에 대한 인식 자체가 없는 상황에서 다짜고짜 양조간장을 들이밀어봤자 상대는 간장이 어디에 쓰는 조미료인지도 알지 못하기 때문이다.

이에 기꼬만은 당시 인도에서 인기를 끌고 있던 중화요리에 주목했다. 유행을 타면서 일반 가정집에서 중화요리를 직접 만들어 먹는 사람이 나타나기 시작했지만, 일반 소비자를 대상으로 시행한 설문조사에서는 '중화요리는 역시 중식당에서 먹어야 제맛이 난다'라는 응답이 많았다. 기꼬만은 이 결과에서 중화요리와 양조간장을 세트로 묶을 실마리를 발견했다.

그때부터 기꼬만은 중화요리 셰프가 사용하는 간장 브랜드가 기꼬만이며, '기꼬만 간장을 사용하면 식당에서 먹던 맛을 집에서도 낼 수 있다'는 퍼셉션을 형성하기 시작했다. 이를 위해서는 먼저 요식 업계에 기꼬만 간장에 대한 퍼셉션을 형성해 공통 인식을 만들어야 했다.

기꼬만이 추진한 전략은 두 가지였다. 우선 다양한 분야의 셰프들과 손을 잡고 인도의 각지에 있는 레스토랑에 전통 양조간장의 장점을 알렸다. 그리고 중화요리를 시작으로 인도의 셰프들이 기꼬만의 간장을 어떤 식으로 사용하는지를 일반인에게 공개했다. 또한 셰프들만의 커뮤니티를 만들고 요식업계와 언론 관계자를 초대해 교류회를 열어 함께 공동 가치를 창조해 나갔다.

기꼬만은 인도의 셰프들이 양조간장을 현지 식문화에 맞춰 사용하게 되면 일본인은 생각지도 못한 새로운 메뉴가 탄생할 거라고 기대했다.

사실 기꼬만은 이미 과거에 비슷한 성공 사례를 경험한 적이 있었다. 간장에 대한 인식이 거의 없었던 미국에 데리야키 요리를 전파한 기업이 바로, 기꼬만이다. 데리야키는 기꼬만이 미국에 진출했던 1950년대 후반에 간장 홍보를 위한 시식 행사를 통해 알려졌다.

그전까지 일본 사람들이 알던 데리야키는 생선으로 만든 데리

기꼬만 간장을 사용한 요리를 소개하는 기꼬만인디아의 홈페이지

야키였고, 간장과 고기를 조합한 데리야키는 이때 처음 생겼다. 고기가 중심인 식문화와 간장을 융합시킨 기꼬만은 성공적으로 미국 시장에 진출할 수 있었고, 그 후 유럽에 진출할 때도 현지 업체와 함께 가치를 창출하는 전략으로 상품과 브랜드를 안정적으로 정착시켰다.

따라서 기꼬만은 인도에서도 전통 양조간장의 활용법과 레시피를 일방적으로 홍보하는 방식이 아니라, 먼저 인도 요리의 훌륭함을 칭찬한 다음 현지 사람들과 함께 인도의 풍토와 식문화에 뿌리내릴 수 있는 메뉴를 개발하는 마케팅 전략을 추진했다. 양조간장을 인도의 맛으로 자연스럽게 스며들게 해서 인도 요리에 필요한 만능 조미료로 만드는 것이 그들의 목표였고, 이를 위해서는 5년, 10년이라는 긴 시간에 걸리더라도 현지에 어울리는 맛을 인

5단계

퍼셉션
활용하기

도인들과 함께 만들어 가야 했다.

그 과정에서 기꼬만은 의외로 일본간장과 인도 요리가 궁합이 잘 맞는다는 사실을 알게 되었다. 기꼬만 해외사업부의 다지마 게이田島圭는 인도의 한 가정집을 방문했을 때 인도 요리와 일본 요리, 그중에서도 불교식 사찰 음식인 쇼진 요리精進料理와 비슷한 점이 많다는 사실을 깨달았다. 쇼진 요리는 동물성 재료를 사용하지 않는다. 또한 불교는 원래 인도에서 전파된 종교이니 사상적으로도 간장을 자연스럽게 받아들일 가능성이 있어 보였다.

일본인은 '인도 요리'라고 하면 카레부터 떠올리지만, 인도에는 각종 향신료를 사용한 채소 요리도 많다. 다지마는 채소를 맛있게 조리하는 기술이 발달한 일본의 요리와 인도 요리가 상당히 비슷하다고 생각했다. 예를 들면 일본 가정집에서 흔히 해 먹는 우엉 볶음의 조리법은 인도 요리의 조리법과 비슷했다.

또한 일본인들은 간장의 향을 하나로 인식하는 경향이 있지만, 분석 결과 간장에는 커피 향이나 바닐라 향을 포함한 약 300가지의 향이 있는 것도 밝혀졌다. 기꼬만은 이런 특징이 향신료를 많이 사용하는 인도 요리나 식재료에 잘 어울린다는 점을 강조했다.

기꼬만의 인도 진출 사례에는 세대와 문화가 다른 그룹을 대상으로 마케팅 활동을 추진할 때 참고할만한 사항이 많다. 기꼬만은 인도에서 간장 카테고리의 정의를 어떻게 설정할지와 그 정의에 따라 브랜드의 퍼셉션은 어떻게 형성할지를 동시에 생각하는 전략을 보여주었다.

이는 결국 간장의 퍼셉션을 어떻게 형성해야 하는지와 같은 의미다. 같은 카테고리 안에 있는 상품과 경쟁하며 좁은 의미에서의 차별화를 꾀하는 전략으로는 새로운 시장을 개척할 수 없다. 신중하고 조심스럽게 퍼셉션을 바꾸거나 새롭게 형성하는 일부터 시작해야 한다. 애초에 원하는 퍼셉션을 빠르고 쉽게 형성하는 방법은 없다.

앞으로 마케팅 분야에서 퍼셉션의 개념은 점점 더 중요해질 것이다. 그중에서도 특히 세대가 다르고 문화와 습관이 다른 그룹처럼 브랜드나 카테고리에 대한 문해력이 전혀 다른 집단이 대상일 때는 반드시 고려해야 할 접근법이다.

차이에 기회가 숨어있다

이번에는 또 다른 활용 분야인 **혁신**에 대해서 이야기해보자.

지금까지 설명한 퍼셉션의 활용법은 이미 완성된 상품이나 서비스를 시장에 확산시키는 방법 중심이었다. 하지만 퍼셉션을 혁

5단계
퍼셉션
활용하기

신에 활용하는 방법은 상품 개발이나 지금까지 없었던 사업을 추진하는 단계부터 적용할 수 있다. 나는 퍼셉션이 혁신 분야에도 반드시 도움이 된다고 믿는다.

보스턴 컨설팅 그룹Boston Consulting Group의 일본 지사 대표를 역임했던 와세다 대학의 우치다 가즈나리內田和成 명예교수는 저서 《이노베이션 경쟁 전략ィノベーションの競争戦略》에서 "이노베이션(혁신)이란 고객의 행동을 얼마나 변화시킬 수 있는지를 경쟁하는 일이다. 이는 곧 고객의 가치관이나 행동을 바꿔 다음 세대에 통용되는 사회적 상식을 만드는 일이다"라고 말했다. 행동 변화를 일으키려면 인식 변화가 필요하다는 우치다 교수의 생각은 이 책에서 다룬 PR 피라미드와 일치한다.

앞에서 줌의 혁신 사례를 소개했었다. 코로나19 팬데믹이라는 상황 변화로 화상회의에 심리적 거부감을 느꼈던 소비자들의 인식에 변화가 생기자 줌은 비즈니스 분야뿐만이 아니라 대학 강의와 회식 자리에도 이용되었다. 신기술은 아니었지만, 소비자의 인식이 변하자 혁신이 일어났다. 이 또한 퍼셉션 체인지가 있었기 때문에 가능했던 일이다.

지금까지 여러 번 퍼셉션의 차이에 대해서 언급했었다. 내가 예상했던 제삼자의 인식과 실제 제삼자의 인식이 전혀 다를 때 이 차이를 퍼셉션의 차이라고 한다. 앞서 설명한 인도 사람들이 가진 간장에 대한 퍼셉션이 여기에 해당한다. 간장에 대한 문해력이 다르면 퍼셉션의 차이가 생길 수밖에 없다.

극단적으로 이야기해서 100명이 있으면 퍼셉션 또한 100개가 존재한다. 이를 하나의 이미지로 통일하기는 어렵기 때문에 반드시 차이가 발생한다. 바로 이 차이에 혁신의 기회나 힌트가 숨어 있다. 무언가를 발명하고 싶다면 퍼셉션의 차이를 눈여겨보아야 한다. 퍼셉션의 차이에 주목하면 다음에 소개할 사례처럼 독특한 제품을 개발할 수 있다.

일본이 역수입하는 말차

일본이 말차*를 역수입하는 일이 벌어졌다.

2020년 1월 라스베이거스에서 열린 세계 최대 규모의 가전 전시회 CES 행사장, 한 일본인 대표가 만든 스타트업 제품이 인기를 끌었다. 제품명은 말차 전용 추출기 쿠젠 말차Cuzen Matcha로 에스프레소 머신처럼 말차 머신에 전용 찻잎을 넣어 말차를 추출하

5단계
—
퍼셉션
활용하기

---

* 찻잎을 갈아서 가루 형태로 만든 차, 한국에서는 흔히 가루녹차라고 불린다. - 편집자 주

는 기계다. 찻잎을 기계에 넣고 물을 부은 다음 버튼을 누르면 진하고 향긋한 말차를 간편하게 즐길 수 있다.

말차를 즐기는 새로운 방식을 제안한 쿠젠 말차는 디자인과 기능성이 모두 뛰어난 제품에 수여되는 상인 CES 2020 Innovation Award Honoree(혁신 부문)를 수상했다. 2020년 8~9월에 미국 크라우드 펀딩 사이트 킥 스타터www.kickstarter.com를 통해 목표 금액의 두 배를 넘는 11만 7,761달러를 모은 상품이기도 하다. 이 자금으로 같은 해 10월 미국에서 처음 출시되었고, 11월에 미국 시사 주간지 〈타임〉에서 선정한 Best Inventions of 2020으로도 뽑혔다.

어떻게 이런 발명이 생겨났을까? 쿠젠 말차는 미국 샌프란시스코에 거점을 둔 회사 월드 말차World Matcha Inc의 쓰카다 에이지로塚田英次郎 대표가 개발한 제품이다. 과거 산토리에서 일했던 쓰카다 대표는 미국과 일본에서 신제품 개발과 신사업 추진을 담당하면서 청량음료 '다카라', 녹차 음료 '이우에몬' 등 여러 히트 상품 개발에 참여한 경험이 있다. 또한 2018년에는 미국 샌프란시스코에 말차 카페 스톤밀 말차Stonemill Matcha를 오픈하는 사업도 추진했다. 당시 미국인에게 말차는 생소한 음료였지만 말차 라테나 스파클링 말차와 같은 신선한 메뉴를 선보이면서 단숨에 핫플레이스로 자리 잡았다.

Cuzen Matcha | Start fresh. Stay fresh.　　　$117,761
pledged of $50,000 goal

쿠젠 말차는 미국 크라우드 펀딩 사이트 킥 스타터를 통해 목표 금액
의 두 배가 넘는 11만 7,761달러를 모았다

스톤밀 말차의 성공으로 말차의 미국 진출 가능성을 확인한 쓰
카다 대표는 산토리를 퇴사하고 2019년에 미국에서 월드 말차를
창업했다. 그가 미국에서 말차 사업이 성공할 것이라고 내다봤던
요인은 두 가지였다.

- 전통과 상식에 얽매이지 않고 새로운 음료로서 말차를 받아들일 시장
- 커피를 대신할 건강음료에 대한 수요 증가

5단계
퍼셉션
활용하기

쓰카다 대표가 쿠젠 말차의 개발 거점으로 미국을 선택한 가장

월드 말차는 미국에서 말차 전용 추출기 쿠젠 말차를 출시했다

큰 이유는 미국인에게는 말차에 대한 선입견이 없었기 때문이다. 앞에서 쿠젠 말차를 에스프레소 머신처럼 버튼 하나만 누르면 말차를 즐길 수 있는 기계라고 소개했다.

하지만 예전부터 말차를 좋아했던 사람들 눈에는 이렇게 기계를 이용한 추출 방법이 전통을 무시한 편법으로 보일 수도 있었다. 일본인들이 가진 말차의 퍼셉션은 단순한 음료가 아니라 다도와 밀접하게 연결된 문화이자 전통이기 때문이다.

이처럼 강력하게 자리 잡은 퍼셉션은 때때로 혁신을 거부하는 요인이 되기도 한다. 하지만 미국인에게는 애초에 말차에 대한 선입관이 없다. 따라서 쓰카다 대표는 말차에 대한 퍼셉션이 없는 미국 시장에서 쿠젠 말차가 간편하고 새로운 음료 기계로 인식될 것으로 생각했다.

우리는 보통 혁신이라고 하면 지금까지 시장에 존재하지 않았던 무언가를 찾아내야 한다고만 생각한다. 하지만 일본과 미국 사이에 존재하는 말차의 퍼셉션 차이에 주목해서 미국에서 사업을 시작한 쿠젠 말차의 사례처럼 새로운 발명의 씨앗은 퍼셉션의 차이가 존재하는 곳에도 뿌려져 있다.

또한 마케팅 관점에서 주목해야 할 또 한 가지는 커피를 대신할 음료의 수요 증가다. 요즘 미국에서는 카페인 크래쉬Caffeine Crash 현상이 심각한 문제로 떠올랐다. 카페인 크래쉬는 다량의 카페인을 함유한 음료나 영양제를 섭취했을 때 오히려 더 심한 피로감, 집중력 저하, 짜증, 졸음과 같은 증상이 나타나는 현상을 말한다.

업무 중 과도한 커피 섭취로 카페인 크래쉬 증상을 보이는 사람이 늘어나자 자연스럽게 커피를 대신할 건강 음료를 찾는 수요가 높아졌다. 그래서인지 요즘 미국에서는 페트병에 담긴 녹차를 마시는 사람이 많아졌다. 녹차는 페트병 음료 형태로 말차보다 먼저 미국에 진출했다. 2018년 4월에 도쿄 세관이 발표한 내용에 따르면 일본에서 미국으로 나가는 녹차는 수출량과 수출액 모두 2013년부터 꾸준히 증가 추세다.

특히 샌프란시스코와 로스앤젤레스에는 건강과 유기농 제품에 관심이 많으며, 몸에 좋은 음식을 찾는 소비자가 많다. 두 지역의 슈퍼마켓이나 편의점의 진열대를 보면 건강에 좋은 음료인 녹차가 가득하다.

녹차 다음으로 유행을 몰고 올 상품으로 주목받던 음료가 바로 말차였다. 말차에 들어 있는 카테킨, 비타민 C, 비타민 E, 베타카로틴의 항산화 작용과 향을 통한 아로마테라피 효과가 주목받으면서 치아시드와 퀴노아에 이은 새로운 슈퍼푸드로 떠오른 것이다.

말차가 건강 음료라는 사실은 역사적으로도 증명되는 사실이다. 말차를 일본에 전파한 사람은 임제종 臨濟宗*의 창시자, 묘안 에이사이 明菴栄西다. 그가 찻잎을 가루로 만들어 뜨거운 물에 타서 마시는 방법을 중국에서 배워 일본에 전파한 이후 일본 남북조 시대(1336~1392년)에는 몸에 좋은 약으로서 서민들도 즐겨 마실 정도가 되었다. 이런 말차의 역사는 퍼셉션을 형성하는 데 큰 도움이 되었다. 약처럼 마신 음료라는 말차의 기원이 미국인에게 말차를 건강과 연관 지어 생각하게 한 것이다.

다만 말차를 음료로 미국에 소개하려면 그 전에 해결해야 할 문제가 있었다. 말차는 전용 거품기(차센)를 사용해서 직접 손으로 차를 우려내야 한다는 점이었다. 사실 이 과정이 번거로워서 평소에는 말차를 자주 마시지 않는 일본인도 많다. 일본인이라도

---

*   중국 불교 선종의 한 종파 - 역자 주

2021년 7월 미국의 성과를 바탕으로 일본에 출시된 쿠젠 말차

거품기로 거품을 내는 일이 쉽지 않은데, 하물며 미국인에게는 얼마나 생소하고 어려울지 말할 것도 없었다.

그래서 쓰카다 대표는 누구나 평소에 간편하게 말차를 마실 수 있도록 버튼 하나만 누르면 말차를 만들어주는 기계를 개발했고, 덕분에 차를 우려본 경험이 없는 사람도 손쉽게 말차를 즐길 수 있게 되었다. 또한 가루 형태의 말차가 아니라 마시기 직전에 개봉하는 100% 유기농 찻잎을 함께 판매해 찻잎의 맛과 영양을 신선하게 즐길 수 있도록 했다. 이런 노력이 건강에 관심이 많은 사람들의 마음을 사로잡았다.

그리고 드디어 2021년 7월, 쿠젠 말차는 미국에서 올린 성과를 발판 삼아 일본에 진출했다. 특별한 날에 마시는, 일상적이지 않은 음료였던 말차가 건강을 위해 매일 마시는 MATCHA로 변신

5단계
퍼셉션
활용하기

해 화려하게 귀환했다. 2021년 7월 21일부터 말차 머신과 전용 찻잎 두 봉지, 오리지널 레시피북이 포함된 입문자용 구성을 3만 3,000엔에 판매했는데, 출시에 앞서 진행한 사전 판매에서만 이미 200대가 팔렸다.

쿠젠 말차의 일본 진출 성공은 미국에서 형성한 퍼셉션을 어떻게 활용하는지에 달려 있다. 미국에서는 '평상시에 커피 대신 마실 수 있는 새로운 건강 음료'라는 퍼셉션을 형성해 건강에 관심이 많은 사람들의 마음을 사로잡았다. 그리고 일본에서는 '미국에서 유행하는 건강음료'라는 퍼셉션을 중심으로 마케팅 전략을 추진하고 있다. 또한 말차는 원래 약이었다는 사실을 이용해 퍼셉션을 '말차=건강'으로 바꿔 시장을 공략할 계획이다.

일본에서 말차의 퍼셉션이 '건강'에서 '문화'로 바뀌었던 것처럼 퍼셉션은 시대와 함께 변해간다. 쿠젠 말차의 전략은 시장의 변화에 따라서 퍼셉션을 다시 원점으로 돌리는 것이지만, 사람들이 새로운 것으로 받아들이면 이 또한 혁신으로 이어질 수 있다.

응용편

PERCEPTION

퍼셉션의 영향력

기업과 비즈니스에 미치는 영향

MARKETING

지금까지 이 책은 퍼셉션의 정의와 5단계 활용법까지 설명했다.

지금까지의 내용을 이해했다면 당신은 회사와 브랜드의 상황을 파악해서 사업 전략을 세울 때 새로운 퍼셉션을 만들거나 기존의 퍼셉션을 바꿀 수 있을 것이다. 또한 퍼셉션에는 적극적인 소통뿐만 아니라 지킨다는 관점이 중요하며, 정량적·정성적으로 효과를 측정해서 파악하는 노하우가 필요하다는 것도 이해했을 것이다. 퍼셉션이 마케팅을 비롯해 다양한 소통과 활동에도 응용할 수 있는 소중한 개념이라는 사실이 전달되었기를 희망한다.

여기서는 조금 더 앞을 내다보는 관점에서 퍼셉션이 기업과 비즈니스에 어떤 영향을 미칠지를 생각해보자. 크게 다음의 4가지 관점으로 나눌 수 있다.

응용편
퍼셉션의
영향력

기업과 비즈니스를 보는 4가지 관점

:

〈퍼셉션의 4가지 관점〉

- 관점 1: 소비자 중심의 마케팅
- 관점 2: 기업 브랜드와 제품 브랜드의 통합
- 관점 3: 신시장 개척을 위한 새로운 접근법
- 관점 4: 내러티브(사건의 서사성) 시대의 목적의식

관점 1: 소비자 중심의 마케팅

나는 퍼셉션의 관점으로 세상을 바라보는 일의 가장 큰 의미는 소비자 중심의 마케팅에 있다고 생각한다. 애당초 퍼셉션은 기업이 아니라 소비자의 생각이기 때문이다. 최근 '소비자 중심', '고객 중심'을 주제로 내건 비즈니스 세미나나 저작물이 눈에 띄게 늘기는 했다.

하지만 소비자를 중심으로 생각하는 일은 여전히 기업의 영원한 과제이며, 좀처럼 실천하기 어려운 문제이기도 하다. 이 문제가 어려운 이유는 다양하지만 '암 전문의는 암 환자가 아니라 암을 본다.'와 같은 말로 설명할 수 있다. 즉 암 치료에 매진하면서

전문성이 높아질수록 의사가 환자보다 암 자체에 매달리게 된다는 뜻이다.

비즈니스 분야로 이야기하자면 '마케팅 시스템'이 암에 해당한다. 최근 몇 년 사이에 마케팅 시스템이 몰라보게 발전하고 다양해지면서 기업 마케팅은 시스템 활용에만 집중하고 있다. 마케팅을 배우기보다 시스템의 사용법과 노하우, 실천법을 배우려고 한다. 소비자가 아니라 시스템만 바라보고 있다.

여기에 가치사슬Value Chain까지 복잡해졌다. 기업 활동이나 마케팅에 관련된 파트너와 지원기업, 다양한 미디어를 포함해 전체적으로 이해관계자가 늘어났다. 그러다 보니 마음속으로는 다들 '소비자가 제일 중요하다'고 생각하면서도 결국 시선은 기업과 소비자 사이에 있는 가치사슬을 향하게 된다.

그런 의미에서 요즘 기존의 소매업자 대신 인터넷 쇼핑몰을 통해 직접 고객에게 상품을 판매하는 D2C Direct to Consumer(소비자 직접 판매) 모델이 주목받는 현상도 이해가 된다. 고객과 직접 이어지면 고객 중심으로 생각할 수 있고, 가치사슬이 미치는 영향에서 벗어날 수도 있다.

퍼셉션 흐름 관찰 모델의 창시자 오토베 대표는 소비자와 마주하는 방법에 관해 이렇게 말했다.

"마케팅 실적을 보고 '회사가 작년에 실적이 좋았던 이유는 신

상품 A의 판매가 순조로워 가격 할인 예산을 줄여도 크게 영향을 받지 않았기 때문이다'라는 결론을 내렸다고 합시다. 이 분석은 훌륭하지만 앞으로 무엇을 개선해야 하는지에 관한 내용이 빠져 있습니다.

같은 내용이라도 '작년에 실적이 좋았던 이유는 신상품 A가 타깃 고객층을 넘어 다른 소비자층 사이에서도 긍정적인 반응을 끌어내, 브랜드에 대한 애착이 생성돼 가격에 기대지 않고 판매할 수 있었기 때문이다'라고 리뷰하면 다음에 무엇을 해야 할지 알 수 있습니다."

포인트는 오토베 대표의 다음 말이다.

"매출은 기업 활동의 결과가 아니라 소비자 행동의 결과입니다."

이 말이 상징하는 바를 보여주는 사례로 앞에서 소개한 일본 최초의 고급 맥주 ROCOCO를 꼽을 수 있다. 편한 회식 자리나 동료들끼리 모인 술자리에서 떠올리는 '건배는 맥주로'라는 퍼셉션은 술을 마시는 사람이라면 누구나 공감한다. 하지만 장소가 고급 레스토랑이나 파인 다이닝이라면 어떨까? '건배는 샴페인으로'라는 퍼셉션을 떠올리는 사람이 더 많지 않을까?

메종 로코코는 맥주 제조법이나 성분에 대한 고집을 내세우지 않고도 이 선입관을 성공적으로 바꿨다. ROCOCO는 고급 레스토랑에서도 샴페인이 아니라 맥주로 건배하고 싶다는 소비자의

속마음과 이를 드러낸 소비자 행동에 착안해 개발한 맥주다. 그런 의미에서 메종 로코코는 소비자 중심 브랜드라고 할 만하다.

소파의 개념을 바꾼 요기보

이번에는 빈백 소파 브랜드 요기보Yogibo의 사례를 살펴보자. 2009년에 미국에서 시작해 2014년에 일본에 진출한 요기보는 놀라운 기세로 매출을 늘려 일본 진출 8년 만에 매출 168억 엔을 기록했다. 2022년에 일본 수입 판매를 담당하던 업체가 미국의 요기보 본사를 인수하며 화제를 모으기도 했다.

퍼셉션의 관점에서 보면 요기보는 상당히 흥미로운 사례다. 빈백 소파는 일본의 가구업체 니토리나 라이프 스타일 브랜드 무인양품에서도 판매하는 제품이다. 심지어 무인양품의 빈백 소파는 '게을러지는 소파'라며 SNS에서 화제를 모을 만큼 푹신한 편안함을 자랑하는 인기 상품이다.

요기보도 처음에는 경쟁사와 비슷하게 '너무 편해서 일어나고 싶지 않은 마법의 소파'라는 이미지를 강조했다. 2017년에는 '천국에 앉아 있는 듯한 소파에서 강도도, 경찰관도 (편안해진다)'라는

편안함과 자유로움을 내세우는 요기보 일본의 홈페이지

카피를 내걸고 TV 광고도 했다. 그러다 서서히 '소파 브랜드는 하나가 아니다, 소파의 종류는 다양하다'라는 퍼셉션을 형성하는 방향으로 변하기 시작했다.

요기보 재팬의 기시무라 히로야스岸村大安 이사는 2018년에 한 인터뷰에서 이런 말을 했다. "우리는 소파를 고를 때 고려할 새로운 선택지의 하나로 요기보를 제안한다. 일본 국민 전체가 소파를 구매할 때 요기보를 떠올리기를 바랄 뿐이다. 꼭 우리 제품을 구매하지 않아도 상관없다. 결정은 고객이 하는 것이고 우리는 고객의 선택을 존중한다. 여러 선택지가 있으면 가구에 대한 만족도와 고객의 행복감을 높일 수 있다."

기시무라 이사의 말에서는 '소파는 좀 더 가벼운 마음으로 골라도 되는 가구'라는 퍼셉션을 형성하려는 의도가 엿보였다.

2020년에 일본인 모델을 내세워 방송한 요기보의 TV 광고 〈어떻게 사용하시나요?〉도 소파는 자유롭게 사용하는 가구라는 인상을 심어주었다. 요기보는 '소파에는 다양한 종류가 있다'는 퍼셉션을 성공적으로 형성해가고 있다. 요기보의 순항은 퍼셉션이 뒷받침했다. 요기보 역시 대표적인 소비자 중심의 브랜드라고 할 수 있다.

관점 2: 기업 브랜드와 제품 브랜드의 통합

이 책에서 반복해서 언급했듯이 퍼셉션은 소비자와 사회의 관점으로 바라본 '인식'이다. 최근 퍼셉션에 관심이 쏠리는 현상은 기업의 홍보 활동에서 기업Corporate과 제품Product의 구분이 점차 사라지고 있다는 점을 시사한다. 요즘 사회와 소비자는 (특히 현대사회에서는) 기업과 상품의 퍼셉션을 명확하게 구분하지 않고 같은 개념으로 받아들인다.

전 세계적으로 SDGs에 대한 관심이 높아지면서 이제는 제품을 제조, 판매하는 기업의 행동 자체가 특정 브랜드를 구매하는 (도입하는) 이유에 영향을 미치는 시대가 되었다. 이런 시대에 진정성 있는 기업임을 보여주려면 제품 홍보에도 신경을 써야 한다. 기업이 멋진 말만 늘어놓으면서 상품 광고에서는 전혀 다른 메시지를 전달하면 그동안 한 일이 모두 헛수고가 된다.

그런 면에서 도요타 자동차는 기업 메시지와 제품의 퍼셉션

응용편
퍼셉션의
영향력

도요타 후지공장 부지에 건설 중인 미래 도시 우븐 시티 홈페이지

이 잘 맞는 기업이다. 기업의 영향력도 크고 도요타 아키오豊田章男 사장의 존재감도 대단하다. 도요타는 자사가 소유한 미디어 채널www.toyotatimes.jp과 도요타 사장이 직접 전달하는 자동차에 관한 메시지, 연결성을 강조한 미래 도시 우븐 시티Woven City*건설 발표 등을 통해 기업의 메시지를 전달한다.

물론 제품 홍보를 위한 소통이 압도적으로 많기는 하다. 이 책을 집필하던 중에 도요타의 대표 세단 크라운의 세16내 모델이 출시되면서 광고를 포함해 엄청난 양의 홍보 활동이 진행되었다. 여기서 핵심은 도요타가 기업 홍보와 제품 홍보의 균형을 맞추면

---

* 덴마크 출신 건축가 비야케 잉겔스가 설계한 스마트 시티, 도요타 후지공장 부지에 70만 8000㎡ 규모로 건설 중이다. 도시의 이름 우븐 시티는 직물처럼 촘촘하게 짠 도시라는 뜻을 담고 있다. - 편집자 주

서 전달하고자 하는 메시지의 일관성을 유지한다는 점이다.

일본 제과 업체 야마자키제빵山崎製パン도 이런 면에서는 도요타와 마찬가지다. 이 책을 집필하던 시기에 니가타현에 내린 기록적인 호우로 주민들이 대피소에서 생활했던 일이 있었는데, 당시 야마자키제빵이 대피소에 빵을 보내 화제가 되었다. 전략적인 행동이었는지 아닌지는 확인하지 못했지만, 야마자키제빵은 한신·아와지 대지진이나 동일본 대지진과 같은 재난이 발생하면 항상 재해 지역에 빵을 보내 뉴스에 등장했었다.

일반적인 구호 활동으로 보일 수도 있지만, 오래전부터 계속해온 한결같은 대응이 브랜드에 대한 호감도를 높였다는 사실은 부정할 수 없다. 이런 대응도 단순한 사회 공헌 활동이 아니라 상품 브랜드에 좋은 영향을 미치는 기업의 행동이라는 점을 명심해야 한다.

관점 3: 시장 창출을 위한 새로운 접근법

이 관점은 '퍼셉션을 활용하라'에서 잠시 설명했지만 다시 한번 언급한다. 앞으로 제품 기능과 사양은 점점 더 범용화Commoditization될 것이다. 이는 모두가 예감하고 있는 일이다. 더 이상 기술과 사업모델에 중심을 둔 관점으로는 새로운 시장을 개척할 수 없다.

이제는 퍼셉션을 통한 혁신, 즉 소비자와 사회의 인식을 바꾸고

나아가 행동까지 바꾸는 혁신이 필요하다. 앞서 등장한 우치다 교수도 그의 저서에 이런 말을 남겼다.

"혁신을 세상에 없던 상품과 서비스를 만드는 일이라고 생각하면 '혁신의 경쟁 전략'이라는 말이 이상하게 들릴 수도 있다. 하지만 고객의 가치관과 행동을 바꾸고 다음 사회의 상식을 만들어야만 게임 체인저가 되어 새로운 시장과 비즈니스 모델을 구축할 수 있다. 그래야 경쟁사가 따라올 수 없는 압도적 우위성을 확보할 수 있다."

이 책과 마찬가지로 우치다 교수의 저서도 줌의 사례를 소개했다. 코로나19 팬데믹이라는 특이 상황이기는 했지만, 줌은 '줌 회식'이라는 말이 생길 정도로 화상회의에 거부감을 느꼈던 소비자들의 퍼셉션을 바꾸며. 태도가 바뀌면 행동도 바뀐다는 좋은 사례를 보여주었다.

줌의 기술력은 타사와 큰 차이가 없었지만 혁신의 완성도는 높았다. 이런 점은 앞에서 소개했던 시세이도의 남성용 화장품 브랜드 우노도 마찬가지다. 상품 자체의 품질도 좋았지만 '남성도 화장으로 첫인상을 바꿀 수 있다'는 퍼셉션을 형성해 남성 스킨케어 시장을 개척하고 확대했다. 새로운 시장을 개척한 대표적인 사례로 꼽을 만하다.

에어클로젯, 평상복을 빌려 입는다?

여성 전용 패션 공유 플랫폼 에어클로젯www.air-closet.com은 2015년
부터 서비스를 시작해 2022년 2월 시점까지 무려 70만 명에
달하는 회원을 확보했다. 2021년 6월 시점에 연간 매출 28억
8,000만 엔을 기록하면서 처음으로 흑자를 달성했고, 2022년
7월에 도쿄증시 그로스 시장*에 상장했다. 이런 에어클로젯의 사업
아이디어와 설립 경위야말로 고객의 가치관과 행동을 바꿔 다음
사회의 상식을 만든 대표적인 사례일 것이다.

에어클로젯의 창업주는 사업을 시작하기 전에 자신의 아이디
어가 가능성이 있는지를 확인하기 위해 패션 업계 관계자 200명
에게 의견을 물었다. 하지만 90%가 "평상복을 누가 빌려 입을
까?", "사 입는 것이 당연하지않나요?"라며 부정적인 의견을 내놓
았다고 한다. 일반적으로 대여라고 하면 '궁색해 보인다'라는 고
정관념이 따라붙는다. 따라서 패션 공유 시장을 개척하려면 우선
인식 변화(퍼셉션 체인지)와 행동 변화부터 추진해야 했다.

소비자는 에어클로젯의 서비스를 통해 지금까지 선뜻 시도하지

---

* 　성장 잠재력이 있는 신흥벤처기업 대상 시장 - 역자 주

응용편
퍼셉션의
영향력

못했던 스타일의 옷을 입어볼 수 있다. 평소에는 입지 않던 색상이나 디자인의 옷을 부담 없이 경험해 볼 수 있다는 특징이 에어클로젯의 가장 큰 장점이다. 또한 새로운 스타일의 옷을 입었을 때 주변에서 칭찬을 들으면 이용자들은 대부분 옷의 브랜드명을 확인한다.

이용자는 선택이 폭이 넓어져서 좋고, 에어클로젯 서비스를 통해 이용자에게 브랜드가 알려지면 제품이 마음에 들었을 때 다른 상품을 보려고 실제 매장에 갈 확률이 높아지니 해당 브랜드에도 좋은 일이다. 그리고 이런 고객 경험이 에어클로젯 서비스에 대한 입소문으로 이어지는 순환구조를 만든다.

실제로 에어클로젯의 아마누마 사토시 天沼聰 대표이사는 한 인터뷰에서 '행동을 바꾸는 서비스를 만들 때 가장 어려운 부분은 이미 머릿속에 자리 잡은 인상, 즉 고정관념을 없애는 일'이라고 언급했다.

에어클로젯은 '부끄럽다', '돈이 없으니까 빌려 입는다'라는 부정적인 이미지를 '현명하고 효율적인 소비'로 바꾸기 위해 공유경제 Sharing Economy와 지속성 Sustainability 관련 메시지를 적극적으로 홍보했다. 또한 파르코 백화점이나 여성 패션 잡지 〈Oggi〉와 같이 패션 업계를 선도하는 기업이나 미디어와 연계한 홍보 활동도 꾸준히 추진했다. 에어클로젯 역시 퍼셉션으로 새로운 시장을 개척한 사례로 주목할 만하다.

관점 4: 내러티브 시대의 목적의식

내러티브Narrative(사건의 서사성)에 관해서는 나의 저서《Narra-tive Company》의 내용을 인용해서 간단히 살펴보고자 한다. 나는 내러티브란 '기업과 소비자가 함께 만들어 가는 이야기'라고 생각한다. 다만 이야기를 구성하는 등장인물은 기업이 아니라 소비자고, 시제는 항상 현재진행형으로 끝없이 이어진다. 그리고 사회 전체가 배경이다. 내러티브는 기업이 일방적으로 풀어가는 이야기가 아니라 이해관계자와 함께 가치를 만들어 가는 이야기다.

이 책에서 나는 내러티브를 실천할 때 목적을 설정하는 일이 곧 퍼셉션 형성이라고 설명했다. 다시 말해 '기업의 존재 목적을 실현하는 일이 내러티브이며, 이 내러티브의 목적은 특정 가치관을 바탕으로 사회적 퍼셉션을 형성하는 것'이라고 할 수 있다.

앞에서 언급했던 아지노모토 냉동식품의 사례를 떠올려보자. 아지노모토 냉동식품이 '가사 분담'이라는 메시지를 전달한 목적은 매출을 올리기 위해서도, 상품의 인지도를 올리기 위해서도 아니었다. '냉동식품을 합리적으로 사용하면 대신 의미 있는 시간을 보낼 수 있다'라는 메시지를 통해 냉동식품에 대한 사회적 인식을 바꾸기 위해서였다. 아지노모토 냉동식품은 냉동만두의 내러티브를 기업 혼자서가 아니라 소비자와 언론, 비즈니스 파트너들과 함께 풀어나가는 데 성공했다.

응용편
퍼셉션의
영향력

안경 가격을 파괴한 와비 파커

이번에는 대표적인 D2C(소비자 직접 판매) 브랜드로 알려진 미국 안경 제조업체 와비 파커Warby Parker의 사례를 살펴보자. 와비 파커는 펜실베이니아대학교에 다니던 학생 네 명이 모여 2010년에 창업한 회사다. 과점 상태였던 안경 시장에서 가격 파괴를 선언하고 뛰어난 소통 능력으로 빠르게 성장해 유니콘 기업(기업 가치가 10억 달러 이상인 비상장기업)이 된 와비 파커는 2021년 9월에 상장까지 성공적으로 마쳤다.

와비 파커의 창업 계기는 창업자 중 한 명이 여행을 갔다가 안경을 잃어버렸는데, 가격이 너무 비싸서 새로 살 수 없었던 경험이었다고 한다. 기업의 존재 목적을 'Everyone has the right to see(모든 사람에게는 볼 권리가 있다)'로 설정한 와비 파커는 제조공정을 독자적으로 구축하고 D2C 모델에 집중해 소비자 가격을 낮췄다. 그 결과 과점 상태였던 안경 시장에 가격 파괴 돌풍을 일으킬 수 있었다.

그뿐만이 아니라 와비 파커는 판매한 안경 개수에 따라 원가에 해당하는 금액을 비영리단체에 기부한다. 이렇게 모인 돈은 안경 판매상이 되려는 개발도상국 사람들의 교육에 쓰인다. 와비 파커

안경에 대한 새로운 퍼셉션과 내러티브를 만든 와비 파커의 홈페이지

는 '우리가 제공한 볼 권리가 사람들의 지성을 확대한다'는 내러
티브를 창조한 것이다.

이 사례를 퍼셉션의 관점에서 보면 와비 파커는 '안경은 시력
교정을 위해서 구매하는 제품'이라는 기존의 퍼셉션에 더해 '안경
을 구매하면 세상의 지식 발전에 공헌할 수 있다'라는 새로운 퍼
셉션을 탄생시켰다.

지금까지 네 가지 관점으로 나누어서 퍼셉션이 비즈니스에 미
치는 영향을 생각해보았다. 사회가 변하면서 기업의 존재 목적에
관한 세상의 관심이 날로 높아지는 요즘, 새로운 시장 개척과 기
업 홍보의 바람직한 모습을 고민해야 할 때 퍼셉션의 개념을 놓
치지 말자.

응용편
퍼셉션의
영향력

인지도가 높은데
팔리지 않는 건 왜일까?

퍼셉션 흐름 관찰 모델은 이 책의 주제인 퍼셉션을 마케팅에 적용할 수 있도록 도와주는 효과적인 프레임워크다. 퍼셉션 흐름 관찰 모델을 고안한 쿠 마케팅 컴퍼니의 오토베 다이스케 대표이사와 이 책의 저자인 혼다 데쓰야가 인지와 인식의 의미, 그리고 퍼셉션의 효과를 측정하는 방법에 대해서 논의해 보았다. 설정해야 할 KPI 핵심성과지표와 측정 결과를 보고 전략을 개선하는 방향에 대한 그들의 의견을 들어보자.

혼다 데쓰야
(이하, 혼다)

이 책에서 인지와 인식의 차이를 설명했습니다. 인지는 Awareness, 인식은 Perception입니다. 이 둘의 차이에 대해 마케팅 측면에서 어떻게 생각하십니까?

오토베
다이스케
(이하, 오토베)

저는 브랜드명을 아는 정도의 인지도는 거의 의미가 없다고 생각합니다. 인지도가 아무리 높아도 결국 실패할 때도 있습니다. 인지도는 높지만 사람들의 관심은 끌지 못한 거죠. 즉 관심을 끌 만한 요소가 없는 단순한 인지이기 때문에 이름을 아는 정도로도 호기심이 채워지는 겁니다.

혼다

인지도는 높은데 마케팅의 본래 목적인 구매 행동으로 이어지지 않는다는 건 어딘가 문제가 있다는 말이 아닐까요? PR 의뢰를 받으면 보통 포털 사이트의 뉴스 토픽이나 TV 방송처럼 상징적 의미가 있는 언론 매체에 노출되기를 원하는 클라이언트가 많습니다.
물론 기사가 나고 인지도가 올라가는 것도 하나의 성과지만, 결국 사람들의 마음을 움직이지 못하면 마케팅 관점에서 그 PR은 실패라고 생각합니다.

오토베

그와 비슷하게 무료 체험분을 제공하는 샘플링 전략을 세우고 목표를 '3만 명에게 배포한다'로 설정하는 경우가 있습니다. 언뜻 마케팅 활동의 목표를 명확하게 제시한 것처럼 보이지만, 사실 단순히 작업 완료 기준을 정한 것에 불과하죠.
샘플링의 목표는 '신규 고객을 확보한다'처럼 활동을 했을 때

와 하지 않았을 때 마케팅 측면에서 유의미한 차이가 생기도록 설정해야 합니다. 작업할 내용만 기술해서는 안 됩니다. 이때 목표를 달성하기 위한 작업 수단을 샘플링으로 선택했다면 달성을 위해 3만 명에게 배포해야 할 수도 있죠. 하지만 이런 작업 완료 기준이 목표가 될 수는 없습니다.

혼다 맞습니다. 작업 완료 기준이 목표가 되어버리는 경우가 있죠. PR 활동에서도 대형 포털 사이트에 기사가 올라가면 그만큼 많은 사람이 보니까 인지도는 올라가지만, 그 사람들이 흥미나 관심을 보일지는 다른 문제죠. 그것이 인지와 퍼셉션의 차이라고 생각합니다. '무의미한 인지'가 될 수도 있습니다.
하지만 인지도가 중요했던 시대도 있었습니다. 그때는 일단 아는지 모르는지가 구매 이유의 하나였죠. 오토베 대표님은 어떻게 생각하십니까?

오토베 맞습니다. 그런 시대가 있었습니다. 소비자의 행동 단계를 표현할 때 AIDMA, AISAS* 같은 개념을 사용합니다. 하지만 이런 개념은 '주목' 다음에 '관심', 이렇게 순서대로 마케팅하던 시대에 자주 쓰던 방식입니다. 물론 지금도 적용할 수는 있지만, 예

---

* Attention(주목) - Interest(관심) - 욕구(Desire) - 기억(Memory) - Action(구매 행동)
  Attention(주목) - Interest(관심) - Search(검색) - Action(구매 행동) - Share(공유) - 편집자 주

퍼셉션 흐름 관찰 모델

목적:
구역:
대상(인구):
러닝 목적:

브랜드 _____ 캠페인 _____

상태	행동	퍼셉션	지각 자극	KPI	언론 매체 paid	owned	earned	기타
현재	1. 경쟁 제품을 구매·사용 중	a. ·						
인지	2. 대체 상품으로 인식함	b. ·	① ·	i. 문제 인지율, 문제 관심도, 카테고리 인지율				
흥미	3. 브랜드를 기대하며 검토함	c. ·	② ·	ii. 브랜드 인지율, 해당 관심도, 시험 사용 의향률				
구매	4. 브랜드를 선택하고 구매함	d. ·	③ ·	iii. 구매 의향률, 구매량, 점포 노출도				
사용	5. 제품을 처음으로 사용함	e. ·	④ ·	iv. 시험 사용 기대치				
만족	6. 브랜드 경험에 만족을 느낌	f. ·	⑤ ·	v. 사용 후 만족도·만족률				
재구매	7. 제품을 재구매함	g. ·	⑥ ·	vi. 재구매율 인지율, 사용 만족도, 사용 빈도, 재구매율				
리뷰	8. 브랜드를 추천함	h. ·	⑦ · → ①②③④⑤⑥⑦으로	vii. 추천 의향률·의향도(NPS)				

오토베 대표가 고안한 마케팅 활동의 전체 설계도. 소비자의 행동과 현재의 퍼셉션, 퍼셉션 체인지를 위한 지각 자극, KPI를 설계도에 반영해서 전략이 설계대로 진행되고 있는지를 분석한다

전만큼 자연스럽게 흘러가지는 않을 겁니다.

정보가 넘쳐나는 지금은 순서가 뒤집혔습니다. 애초에 '관심'이 있어야 정보에 '주목'하죠. 마케팅에서 소비자가 상품을 선택할 때 중시하는 부분의 순서를 바꿔서 자사의 제품에 유리한 상황을 만드는 방법을 '속성의 순위 전환'이라고 합니다. 전략 PR이 퍼셉션 흐름 관찰 모델 앞부분에 있는 것도 그런 이유 때문이죠.

퍼셉션 흐름 관찰 모델은 퍼셉션의 변화 경로를 설계합니다. 결국 구매와 만족, 재구매로 이어지는 인식 변화를 설계하는 것이 가장 큰 목적입니다.

혼다 그러고 보니 제가 자주 의뢰받는 일도 스테디셀러 브랜드의 리브랜딩입니다. 세상은 변하는데 고객층은 변하지 않아서 뒤처지는 브랜드가 있습니다. 그런 브랜드는 기존 고객을 지키면서 새로운 젊은 고객층을 확보하는 것이 마케팅 과제죠.

젊은 사람들은 상품과 브랜드를 알고는 있지만, 자신들과는 상관없는 브랜드라고 인식하기 때문에 살 생각을 하지 않습니다. 새로운 고객에게는 새로운 퍼셉션이 필요한 거죠.

신규 고객은 '투자 대상'

오토베 예를 들어 어떤 브랜드가 사회생활 3년 차 직장인을 응원하는 브랜드가 되겠다는 목표를 세웠다고 합시다. 그런데 현재 매출 구성비를 보니 표적 대상은 구매자의 20% 정도에 불과하고 실제 구매자의 대부분은 중년 직장인이었던 겁니다. 이때 브랜드가 표적으로 삼은 젊은 고객에게 집중하면 기존 고객을 무시한다는 불만이 생깁니다.

하지만 마케팅 활동, 특히 소통 활동에서 표적 소비자 그룹은 '투자 대상'으로 봐야 합니다. 기존에 제품을 애용하고 있다고 해도 표적이 아니면 투자 대상이 아닙니다. 그렇다고 기존 고객이 소중하지 않다는 말은 아닙니다만, 기존 고객은 이미 직접 제품을 사용해서 브랜드를 체험하고 있는 사람인 만큼 소통에 큰 금액을 쓸 필요가 없지요.

혼다   오토베 대표님이 말씀을 들으니 'Perception is reality(인식이 곧 현실이다)'라는 말이 생각납니다. PR 분야에서 자주 쓰는 말인데, '모든 것이 다 퍼셉션이다'라는 의미입니다. 그래서 기존 고객과 신규 고객에게 각각 다른 퍼셉션을 형성해도 괜찮은 거죠.
상품으로서의 물건은 하나지만 다른 퍼셉션을 가진 그룹은 동시에 존재할 수 있습니다. 이 부분을 잘 조절하면 기존 고객과 신규 고객에게 심어줄 두 가지의 퍼셉션 표준을 만들 수 있다고 생각합니다.

오토베   사용자와 비사용자가 다른 퍼셉션을 가지는 경우는 많습니다. 두 그룹은 브랜드를 알기 전후에 있거나 아니면 혜택을 경험하기 전후에 있다는 점이 다를 뿐입니다. 다른 퍼셉션이 동시에 존재한다기보다는 시간의 흐름 속에서 전후에 나란히 있는 것이 아닐까요?
기존 고객에게는 '제품 체험'을 중심으로, 예비 고객에게는 소통을 앞세운 브랜드 체험으로 다가가는 겁니다. 그렇게 자원

을 효율적으로 나누어 사용해야 효과적이죠.

혼다 저는 이번 대담의 주제가 '퍼셉션 체인지의 효과 측정'이라고 생각합니다. 어떻게 하면 퍼셉션을 측정해서 PDCA 사이클을 잘 돌릴 수 있을까요?

PR 전문가로서 퍼셉션 영역에 발을 담그고 있습니다만, 효과를 파악하는 일이 너무 어렵습니다. 퍼셉션이라는 개념이 '소비자나 세상이 기업이나 브랜드를 어떻게 생각하는가?'라는 객관적 인식을 의미하기 때문이죠. 실제 세상이 어떻게 생각하고 있는지를 파악하는 일이 쉽지 않고, 조사 방법과 수단도 한정적입니다. 다시 말해 완벽하게 파악하기가 어렵다는 거죠.

퍼셉션 체인지의 설계도라고 할 수 있는 퍼셉션 흐름 관찰 모델을 고안하신 오토베 대표님은 효과 측정에 대해서 어떻게 생각하세요?

오토베 먼저 측정 목적부터 생각해야 합니다. 소비자 이해 활동의 효과를 측정하는 목적은 크게 두 가지뿐입니다.

하나는 '소비자가 구매 결정을 할 때 어떤 기준으로 판단하는가'를 파악하기 위해서입니다. 앞으로 추진할 마케팅 전략에 대해서 소비자가 어떻게 생각하는지, A안과 B안 중에 어느 쪽이 더 반응이 좋을지를 조사하는 거죠. 또한 의사결정을 위한 조사는 상사나 거래처를 비롯한 마케팅 관련 이해관계자들을 이해시킬 수 있어야 합니다. 정확한 숫자와 같은 과학적 기준

을 중시하는 이유도 그래야 모두가 객관적으로 이해할 수 있기 때문이죠.

그리고 또 하나의 목적은 소비자를 이해하기 위해서입니다. 마케팅 계획을 짜거나 홍보 내용을 정하고, 최적의 미디어 채널을 생각하려면 우선 소비자를 이해해야 합니다. 이유는 두 가지로 나눌 수 있습니다. 첫 번째는 브랜드가 주는 혜택을 개발하거나 광고 제작과 같이 창의적인 아이디어를 낼 때 재료로 쓰기 위해서이고, 두 번째는 소비자의 퍼셉션이 변하는 체계를 이해해서 전략의 성공률을 높이기 위해서입니다. 이런 두 가지 목적 중에서 어느 쪽을 원하는지에 따라 측정 방법이 달라집니다.

혼다　그렇다면 퍼셉션 흐름 관찰 모델에서는 의사결정 기준 파악과 소비자 이해 중에 어느 쪽을 더 중시합니까? 그리고 특별한 조사가 필요한가요?

오토베　가장 중요한 건 퍼셉션이 변하는 체계를 파악하는 일입니다. 퍼셉션 흐름 관찰 모델의 장점 중 하나는 중간에 마케팅 계획을 수정할 수 있다는 겁니다. 3개월 동안의 홍보 캠페인을 마치고 난 후에 성과를 분석하는 것이 아니라, 전략을 추진하는 도중에 바로 궤도를 수정할 수 있어서 실패할 확률이 낮습니다. 개선점이 보일 만큼 소비자를 이해하겠다고 생각해야 합

니다. 소비자를 제대로 이해하면 개선할지, 속행할지 빠른 의사결정을 내릴 수 있습니다.

혼다 퍼셉션 흐름 관찰 모델을 보면 퍼셉션 체인지가 일어나지 않는 이유가 어떤 자극이 부족하기 때문인지, 어느 부분이 방해하고 있는지 알 수 있다는 말씀이시군요.

오토베 맞습니다. 퍼셉션 흐름 관찰 모델을 이용하면 처음 세웠던 전략이 실패하더라도 바로 방해 요소를 제거해서 제2탄, 제3탄 전략의 성공률을 높일 수 있습니다.

브랜드 혁신이든, 시장 개척이든 퍼셉션을 중심으로 진행하기 때문에 소비자의 퍼셉션 측정이 상당히 중요합니다. 물론 비즈니스라는 점을 고려하면 소비자의 행동, 특히 구매 행동을 빨리 끌어내고 싶겠지만, 마케팅 활동으로 소비자의 행동이 갑자기 변하기를 기대하기는 어렵습니다. 그래서 퍼셉션이 필요한 거죠.

이때 KPI로 측정할 수 있는 대상에는 세 가지가 있습니다. 첫 번째는 소비자의 퍼셉션 변화, 두 번째는 콘텐츠와 메시지의 수준, 세 번째가 언론 노출량이나 접촉 빈도입니다. 영향을 미치는 수단은 콘텐츠 아니면 언론밖에 없습니다. 광고든 PR이든 소통의 수단은 이 두 가지로 나눌 수 있습니다. 이 부분을 잘 구별해서 측정하면 효율적으로 노하우를 쌓을 수 있고, 효과적인 개선을 추진할 수 있습니다.

혼다　　행동의 전제가 퍼셉션이기 때문이군요. 단순히 소비자의 행동을 파악하기만 해서는 결국 왜 그런 행동을 하는지 알 수 없어서 재현성을 높이기 힘듭니다. 소비자 행동의 전체 구조를 이해하려면 반드시 퍼셉션을 파악해야겠습니다.

오토베　　그렇습니다. 가끔은 행동이 퍼셉션을 형성하기도 합니다. 사고 보니 애착이 생기고 좋아하게 되는 경우가 있죠. 하지만 일반적으로는 퍼셉션이 먼저입니다. 다만 측정하기가 힘들죠. 그래서 소비자의 구매 전 행동도 봐야 합니다. 디지털 환경에서는 소비자가 브랜드나 상품의 홈페이지를 몇 번 방문했는지, 홈페이지의 어느 카테고리를 봤는지 행동을 실시간으로 관찰할 수 있습니다. 필요한 타이밍에 마케팅 활동을 개선하려면 일단 전략을 시행하고 두 달 뒤에 설문조사로 확인하는 것보다 행동 이력과 같은 측정 지표를 유사 수단으로 사용하는 편이 효과가 더 좋습니다.

혼다　　특정 콘텐츠를 제공했더니 퍼셉션이 바뀌었다고 해보죠. 그 효과를 평가하는 지표에는 정성적 데이터와 정량적 데이터가 있습니다. 이 데이터가 정말 중요한데, 데이터를 보면 퍼셉션이 변하지 않는 이유가 정량적으로 부족했기 때문인지, 내용에 문제가 있기 때문인지 판단할 수 있습니다.
그래서 어떤 콘텐츠를 보여주면 퍼셉션이 변할지를 사전에 테스트

해 볼 때가 있습니다. 예를 들어 유사한 기사를 작성해서 표적에 해당하는 피실험자들에게 보여주면 상품이나 브랜드에 대해 특정 퍼셉션을 가진 사람이 20% 증가하는 결과가 나올 때가 있지요.

이렇게 브랜드에 대한 퍼셉션이 확실한 변화를 보이면 다음은 양을 늘리는 일에 집중합니다. 이때 결과가 좋지 않으면 이건 양적인 문제인 거죠. 이럴 때는 광고를 내보내서 노출량을 더 늘립니다. 하지만 콘텐츠 내용에 문제가 있으면 노출량을 늘려도 퍼셉션을 바꿀 만한 스토리가 생성되지 않습니다.

이때는 전략을 시행한 후에 기자나 편집자를 비롯한 언론 관계자들의 의견을 들어보고 그들의 인식이 변했는지를 직접 확인하는 방법도 효과적이라고 생각합니다. SNS에 올라온 글들을 모아서 전략 시행 전후로 상품과 브랜드에 대한 글의 내용이 어떻게 변했는지를 파악해서 퍼셉션의 변화를 확인하는 방법도 있습니다. 어떤 쪽이든 퍼셉션 체인지가 정체되면 행동 변화에 영향이 나타나기 마련이죠.

제품과 매장도 콘텐츠다

오토베   저는 제품의 색상이나 포장까지 소비자가 의미를 해석할 수 있는 모든 것을 콘텐츠라고 생각합니다. 미디어는 콘텐츠를 노출하는 수단입니다. 따라서 TV광고 투하량이나 소비자가

본 노출량, 매장 진열을 통한 노출, 경로 커버리지(특정 지역에서 자사 제품을 취급하는 점포의 수)를 비롯해 나아가서는 제품, 그 자체와 포장도 모두 미디어라고 봐야 합니다.

혼다 유통처의 진열대도 미디어라는 말씀이신가요?

오토베 그렇습니다. 예전에 매장 진열대를 통한 노출량을 TV 광고 총시청률GRP. Gross Rating Point로 환산하는 프로젝트를 기획한 적이 있었습니다. 목적을 고려했을 때 1억 엔을 TV 광고와 매장 전략 중 어디에 투자하는 편이 효과적일지 효율적으로 판단하기 위해서였습니다. 결과적으로 당시에는 성공하지 못했습니다.

혼다 PR 분야에는 '광고 환산 가치'라는 평가 방법이 있는데요. 이 방법을 둘러싸고 찬반이 분분합니다. PR로 사람의 마음을 움직이는 힘과 매체를 사는 광고비를 동일선상에 두고 보는 것이 불쾌하다는 거죠. 매장 진열과 GRP도 비슷하지 않을까요? 매장 진열을 통해 확보한 노출량을 광고 총시청률로 환산하는 방식은 광고 환산 가치와 비슷해 보입니다.

오토베 하나로 모든 것을 파악할 수 있는 만능 지표는 없겠지만, 어느 정도 일관된 참고치로 활용할 수 있는 지표는 될 수 있다고 생각합니다. 예를 들어 식품의 포장지에는 열량 표시가 있습니다. 여러 가지 음식을 늘어놓고 이 수치를 보면서 하루에 섭취

할 수 있는 총열량과 비교할 수 있죠. 마케팅 비용도 한도가 정해져 있으므로 비교할 수 있는 지표가 있으면 편리합니다.

혼다 목적이 다이어트일 때는 열량 표시가 하나의 공통 지표가 될 수 있겠습니다. 그래서 막히지 않고 자연스럽게 퍼셉션 변화가 일어나면 성공이죠. 처음에는 PR 활동처럼 비교적 적은 예산을 쓰는 방법으로 작게 시작하고, 문제가 없다는 점을 확인하면 그다음에 효과를 높이기 위해 광고 예산을 추가해서 같은 스토리의 상품 홍보 기사로 도달률을 높인 사례도 있습니다. 그렇게 해서 더 큰 성공으로 이어지는 PDCA가 탄생하는 거죠.

마치며

20년 이상 글로벌 마케팅과 PR 분야에 몸담아 오면서 듣는 순간 감탄하며 강렬한 인상으로 남은 말이 몇 개 있다. 셀 수 없이 듣고 언젠가부터는 스스로 입에 담게 된 이 말도 그중 하나다. 해외 PR 업계에서 자주 쓰는 말이다.

Perception is reality (인식이 곧 현실이다).

세상 사람들이 '이렇다'라고 인식하는 것이 결국 현실이다. 현대 사회는 정보가 넘쳐난다. 넘쳐나는 정보로 편리해지기도 했지만 이제는 어느새 넘쳐나는 정보의 진위를 파악할 수 없는 세상이 되어버렸다. 게다가 기술의 발전은 사회의 분산과 자율화를 앞당기고 있다.

그런 의미에서 보면 퍼셉션을 이해하는 일은 즉 '현실과 마주

하는 일'일지도 모른다. 매일 같이 일을 하다 보면 이런 생각이 든다. 우수한 마케팅 담당자나 경영자를 보면 '자신의 의도나 메시지를 어떻게 전달할 것인가'는 24시간 생각하지만, 정작 '소비자가 어떻게 생각하고 있을까?'를 고민하는 사람은 별로 없다. 우리에게 부족한 것은 객관성이다.

자사와 브랜드를 아낄수록 현실과의 차이, 즉 퍼셉션 차이가 존재한다는 사실은 달갑지 않을 수 있다. 하지만 우리는 현실과 마주해야 한다. 눈앞에 있는 지금의 현실을 똑바로 마주하지 않으면 새로운 현실을 만들 수 없다.

여기서 마지막으로 다시 한번 이 책의 71페이지를 펼쳐보자. PR 피라미드의 가장 위에 있는 것은 **행동 변화**다. 이는 곧 인간의 행동을 바꾸려면 먼저 인식을 바꿔야 한다는 점을 시사한다. 새로운 현실과 새로운 시장은 사람들의 새로운 행동이 만들고, 새로운 행동을 만드는 것이 바로, 퍼셉션이다.

새로운 시장을 개척하고, 장수 브랜드에 혁신을 일으키자. 지금까지 세상에 없던 제품을 내놓아 보자.

당신이 지금부터 올라야 하는 산은 험난하지만 멋진 산이다. 물론 오르는 방법도 각자 다를 것이다. 이 책은 그중 하나의 방법을 제안할 뿐이다. 나는 정상을 향해 나아가는 당신에게 조금이나마 도움이 되기를 바라는 마음으로 이 책을 썼다.

3년에 걸친 연재 기사가 무사히 책으로 나올 수 있도록 힘써준 〈닛케이 크로스트렌드〉의 나카무라 유스케 부편집장과 연재 당시부터 도와준 프리랜서 편집자 혼다 이즈미 씨에게 진심으로 감사의 마음을 전한다. 대담 기획을 함께하고 귀한 조언을 아낌없이 해준 쿠 마케팅 컴퍼니의 오토베 다이스케 대표에게도 감사한다.

　　설문조사와 의견을 교환할 때는 혼다사무소의 Flexible Teaming 시스템을 통해 프리랜서분들에게 많은 도움을 받았다. 2019년 여름에 처음 연재를 시작했을 때만 해도 대다수 취재를 직접 만나서 하지 못하고 화상으로 진행하게 될 줄은 예상하지 못했다. 그런 상황에서도 25회를 넘는 연재 기사와 이 책에 등장한 소중한 사례를 제공해 준 기업 담당자분들에게 진심으로 고마움을 전한다.

　　마지막으로 항상 옆에서 응원해주는 아내와 8살 딸에게도 고맙다고 말하고 싶다. 바쁜 일상이지만 나는 항상 가족과 친구, 동료, 고객들이 나를 어떻게 보는지를 생각한다. 우리 모두 잊지 말자. 인식이 곧 현실이다Perception is reality.

2022년 10월

혼다

아는 것을 팔리는 것으로 바꾸는 기술

퍼셉션 마케팅

초판 1쇄 인쇄 2023년 5월 18일
초판 1쇄 발행 2023년 5월 25일

지은이 혼다 데쓰야
옮긴이 이은혜
펴낸이 오세인 | 펴낸곳 세종서적(주)

주간 정소연 | 편집 이승민
표지 디자인 김윤남 | 본문 디자인 김미령
마케팅 임종호 | 경영지원 홍성우
인쇄 탑프린팅 | 종이 화인페이퍼

출판등록   1992년 3월 4일 제4-172호
주소   서울시 광진구 천호대로132길 15, 세종 SMS 빌딩 3층
전화   경영지원 (02)778-4179, 마케팅 (02)775-7011
팩스   (02)776-4013
홈페이지   www.sejongbooks.co.kr
네이버 포스트   post.naver.com/sejongbooks
페이스북   www.facebook.com/sejongbooks
원고모집   sejong.edit@gmail.com

ISBN 978-89-8407-897-0   (03320)